小学语文学习任务群
课例设计丛书

整本书
阅读

总主编

吴忠豪 薛法根

主编

夏江萍 梁昌辉

上海教育出版社
SHANGHAI EDUCATIONAL
PUBLISHING HOUSE

编 委 名 单

总 主 编：吴忠豪　薛法根

主　　编：夏江萍　梁昌辉

编写人员（按姓氏笔画排序）

王　晖	方惠燕	冯冬梅	冯喜伟	朱育妹
刘凤华	江　慧	李　丽	吴雪霞	狄永红
冷凌元	陆海芳	陈洁锦	季　勇	孟　丽
赵贞俐	袁君琳	顾慧丽	钱军伟	倪文娟
高翠萍	黄晓艳	黄晓霞	龚文娟	梁昌辉
蔡海峰	潘雅频	薛　贤	衡月萍	

前　言

　　这套读物是依据现行统编小学语文教材,按照《义务教育语文课程标准(2022年版)》(以下简称"新课标")提出的六种学习任务群设计的教学课例,旨在帮助教师在与"新课标"配套的语文教材没有出台的背景下,利用现行语文教材先行一步实施语文学习任务群。由于统编教材采用"双线组元"的方式编写,编选的课文及辅助习题聚焦单元"人文主题"和"语文要素",与"新课标"提出的以"学习任务群"呈现语文课程内容,是两种不同的课程理念,有着很大的差异。因此,要将两种不同的课程理念统一到学习任务群的设计上,并且要尽可能使设计的学习情境任务与统编教材提供的教学资源结合得自然、有机,实在是一件要求极高、难度极大的事。对中小学语文教师而言,学习任务群是一个全新的课程与教学理念,当下又缺乏成功的实践案例支持,因此要编好这套学习任务群课例设计丛书,其难度是可想而知的。

　　为方便一线教师使用,整套丛书按照"新课标"提出的六种学习任务群编写,每个任务群对应一本书,每本包括小学任务群课例15～23篇。最多的《跨学科学习》有23篇设计课例,《整本书阅读》有19篇设计课例,《语言文字积累与梳理》《文学阅读与创意表达》《实用性阅读与交流》均有16篇设计课例,最少的《思辨性阅读与表达》有15篇设计课例。这些课例覆盖低、中、高三个年段,"语言文字积累与梳理"学习任务群从低年段到高年段逐步减少,"文学阅读与创意表达"从低年段到高年段逐渐增加,课例分布比较合理,符合各年段学生的语文学习规律和心理特点。

　　"新课标"指出:"设计语文学习任务,要围绕特定学习主题,确定具有内在逻辑关联的语文实践活动。语文学习任务群由相互关联的系列学习任务组成,共同指向学生的核心素养发展,具有情境性、实践性、综合性。""以生活为基础,以语文实践活动为主线，以学习主题为引领，以学习任务为载体，整合学习内容、情境、方法和资源等要素，设计语文学习任务群。"这两段话简要阐述了学习任务群设计的依据、条件和主要特点。参与高中语文课程标准制定的王宁教授认为"学习任务群不是单篇文章的简单相加"，她强调"真实学习情境"和"融合阅读、表达、探究的学生实践活动"是评价学习任务群设计是否成功的两个主要标志。"新课标"修订组编写的《义务教育语文课程标准（2022年版）解读》中列举的六种学习任务群20多个课例，基本是按大单元教学资源进行整体设计的，比较充分地诠释了学习任务群"情境性、实践性、综合性"的特点。这些课例是学习任务群设计的范例，有一定的权威性。

六本书中提供的课例大多依托统编教材中的单元进行整体设计。然而要将统编教材中各单元提供的教学资源转换成与"新课标"相匹配的学习任务群，并且设计出以学生学习为主线展开的语文实践活动，着实不容易。特别是"语言文字积累与梳理""整本书阅读""跨学科学习"等学习任务群的设计，很难从现行教材中寻找到合适的单元资源。为此，丛书中的课例很难做到全部依据现行教材中的单元进行设计，有些课例采用的是灵活变通的设计思路，主要有以下几种：

1. 依据单篇课文设计学习任务群。比如，《跨学科学习》六年级上册第七单元"京剧专题分享会"，是依据《京剧趣谈》这篇课文设计的。核心任务是举行班级"京剧专题分享会"，设计了三个子任务：一是入戏，学习《京剧趣谈》，观看京剧演出，了解京剧剧种；二是知戏，查阅资料，探究与京剧有关的一个（或几个）方面的知识，用小报、研究报告、记录等多种方式梳理自己的研究成果；三是开展"京剧大讲堂"。依据单篇课文设计学习任务群，其实是当下语文教师实施学习任务群最为流行的做法。

2. 选择单元部分课文设计学习任务群。一年级上册"我是小小采购员"，选择该单元《大小多少》《小书包》两篇课文设计学习任务群。这个识字单元还有《画》《日月明》《升国旗》三篇课文。因为识字教材编写考虑的是学生识字的规律，基本不按内容主题编写课文，因此很难整合出涵盖全部课文的学习主题及情境任务。因此编者选择其中两篇课文，设计出"当小小采购员"这样一个贴近学生生活的学习任务。经过这样的变通处理，学习任务群的设计就变得相对容易。

3. 整合不同单元相同类型的课文设计学习任务群。《文学阅读与创意表达》针对五年级下册编排了一个特殊的文言文学习任务群。这个课例将统编教材三至六年级的 14 篇文言课文进行梳理分类,统整成不同主题设计学习任务群。该学习任务群围绕"洞察古代儿童的智慧"这个主题,将三年级上册《司马光》、四年级上册《王戎不取道旁李》、五年级下册《杨氏之子》和六年级下册《两小儿辩日》四篇文言文,以及四年级上册第八单元《口语交际:讲历史人物故事》等内容,统整为一个文言文学习任务群,编排在五年级第二学期。这样设计学习任务群,拓展了文言文学习资源,提高了文言文学习的有效性。其实这种学习任务群设计思路还可以运用到古诗、寓言、童话、小说等按文章体裁分类的学习任务群设计之中,可以有效提高学生的学习效率。

4. 精选教材部分习题设计学习任务群。《整本书阅读》大多结合教材中的"快乐读书吧"栏目设计学习任务群,与单元教材资源若即若离。《跨学科学习》二年级的"建立班级迷你图书馆"也是借用二年级下册第五单元《口语交际:图书借阅公约》,将其放大设计成一个跨学科学习任务群。围绕建立班级图书馆这个任务,引导学生实地参观图书馆,了解书籍摆放的秘密;给班级图书馆中的图书分类、编号;再制订班级图书借阅公约,让学生享受班级阅读时光。学习任务群紧密结合儿童生活创设情境,能有效激发学生的学习兴趣。

5. 结合生活情景设计学习任务群。依据课程标准提出的课程内容另行设计学习任务群,其实是学习任务群设计的最佳做法。比如,《跨学科学习》中的六年级学习活动:大地在心——我是低碳环保行动者。教师依据"新课标"中"跨学科学习"学习任务群建议的内容,自行寻找学习资源,组织学生综合运用语文、道德与法治、科学、数学、劳动、美术等多学科的知识和技能,开展跨学科学习活动。当然,撇开教材,教师另行设计学习任务群,意味着教师要自己选择组合学习资源,对教师的要求更高,难度更大。

以上列举的几种不完全拘泥于单元教材资源设计学习任务群的思路,或许不是"新课标"提倡的学习任务群设计的最佳方法,但却是当下语文教师实施"新课标"教学理念的新尝试。仔细分析这些课例,每个学习任务群都有具体的学习情境和学习任务,并且都是以学生实践活动为主线展开教学,体现出语文学习任务群的基本特点。特别是突破了单元教材资源的束缚,可以极大拓展教师设计学习任务群的思路,降低设计的难度。可以这样认为,在与"新课标"配套的教材正式出版之前,这样变通设计学习任务群,不失为一种简便可行的方式。

统编教材确定的人文主题和语文要素,为学习任务群设计提供了丰富的学习资源,但是依托单元学习资源设计的学习任务群,具体可以归属于六种学习任务群的哪一种,还须根据创设的情境任务和学习目标确定。由于课例设计者对每个单元的人文主题以及学习资源理解和设计的角度不同,同一单元有时可以设计出两种甚至两种以上的学习任务群,而且基本符合各种不同学习任务群的价值目标。

比如,统编教材五年级上册第三单元"民间故事"选编了《猎人海力布》《牛郎织女》两篇中国民间故事,"快乐读书吧"中还选入了《田螺姑娘》的片段,推荐了《梁山伯与祝英台》《八仙过海》及国外的民间故事。将这个单元设计成"文学阅读与创意表达"学习任务群毫无疑义,然而依据民间故事设计的学习任务群同时还出现在《思辨性阅读与表达》和《跨学科学习》两本书中。当然所设计的学习情境任务、学习目标和具体学习活动,在三个学习任务群中各不相同。

在《文学阅读与创意表达》一书中,设计的核心任务是"举行一次民间故事展演",具体的学习活动是"民间故事我来读""民间故事我来讲""民间故事我来写""民间故事我来演"。在《思辨性阅读与表达》一书中,侧重于阅读民间故事,感受其中的智慧,设计的学习任务是"探索故事里的善恶因果,再结合时代背景,借助民间故事结构创编民间故事"。在《跨学科学习》一书中,设计的核心任务是"学生自主选择自己喜欢的民间故事,采用团队合作形式,自主选择表达方式,例如皮影戏、戏剧、电影等多种形式,为周边社区幼儿进行展演,传播优秀传统文化"。

依托同一个单元的教材资源设计的三种学习任务群,其学习活动不可避免会产生交叉重合。比如,都有阅读教材中的民间故事,配合学习任务开展整本书阅读等。但三者学习目标和开展学习活动的侧重点有明显的区别。《文学阅读与创意表达》侧重于民间故事的阅读和展演;《思辨性阅读与表达》侧重于学习思维方法,提高逻辑思维能力;《跨学科学习》则以民间故事为载体,通过社区讲演传播中华优秀传统文化,侧重于不同学科的技能的综合运用。

依托同一个单元教材资源同时设计出两种学习任务群的至少还有以下这些单元——

二年级下册第五单元,借助《口语交际:图书借阅公约》这一内容设计学习任务,《思辨性阅读与表达》中的主题是"遇到问题怎么办",《跨学科学习》中的主题是"建立班级迷你图书馆"。

三年级下册第二单元(寓言单元),《文学阅读与创意表达》中的主题是"掀起'寓言'的盖头来",通过阅读和讲述寓言,重在把握寓言的文体知识,分享阅读与讲述寓言故事的快乐;《思辨性阅读与表达》中的主题是"小故事大道理",侧重从故事中读出道理,并编写、讲述寓言故事。

五年级下册第七单元,《实用性阅读与交流》中的主题是"感受异域风情,爱我大美中华",搜集整理中国的世界文化遗产资料,编写世界风光手册并举办主题展览;《跨学科学习》中的主题是"我为中国的世界文化遗产"代言,要求学生自主选择自己喜欢的世界文化遗产,采用团队合作形式,自主选择表达方式,通过书面、口头等多种形式为世界文化遗产代言。

六年级上册第八单元,《思辨性阅读与表达》中的主题是"遇见鲁迅",全方位介绍我们眼中的鲁迅先生;《跨学科学习》中的主题是举办"鲁迅印象展",并用演讲、戏剧等多种表达方式,向同学介绍自己的展品;等等。

如果教师能一组一组认真阅读并深入比较这些案例设计的异同,那么对不同种类学习任务群的学习目标、情境任务以及学习活动的设计,一定会获得诸多启示。

这套丛书由全国知名的名师领衔担任各分册主编。他们发动工作室骨干成员,经过近半年的不懈努力,克服种种困难,终于按时完成了这项艰巨的编写工作。其实丛书作者对学习任务群的学习研究与广大一线语文教师基本处于同一起跑线,只不过这些作者对"新课标"精神的学习研究更加深入,对学习任务群的探索投入的精力更多。当下语文学界对学习任务群的研究探索尚处于初级阶段,在理论与实践方面有诸多问题亟须研究,有些甚至还存在不少争议。在大部分教师的语文课堂教学实践中,学习任务群其实尚未真正实施。因此这几位名师和工作室团队成员能够按照六种学习任务群的不同特点和内容编写出这么多的课例,真是了不起。

参与这套丛书编写的大多是享誉全国的名师以及工作室骨干教师,丛书中的每个案例都经过名师团队集体打磨、反复修改,有些甚至改了五六稿,然而学习任务群毕竟是语文课程改革中的全新事物,我们走的是一条前人没有走过的路,因此需要有一段相当长的时间去探索研究,最好还能有一个教学实践验证的过程。因此丛书中设计的案例不可避免地存在这样那样的问题,无论是学习情境创设、学习任务设计,还是阶段目标、活动内容、学习方法以及评价工具的设计与制作等,都需要在教学实践中检验。广大教师在阅读或使用这些案例时须根据班级学生的实际情况进行必要的修改调整,不能照抄照搬,更不能照本宣科。

最后我想说明的是,学习任务群是体现语文课程实践性特点的有效教学样态,但可能不是唯一。我很赞同温儒敏教授的观点,语文课"并不意味着全部教学一刀切,都要采取任务驱动方法"。学生语文核心素养的培养应该是一个系统工程,应该有多元的教学样态。语文教师在贯彻"新课标"精神时,一方面要以积极的态度尝试进行学习任务群教学,另一方面需要总结过往语文课程改革的成功经验,包括传统语文教学和国外中小学母语教学的成功经验,尝试探索更多更加有效的体现语文课程实践性特点的教学样态。

对语文学习任务群的探索才刚刚开始,实施的路程很长很艰难。语文课程改革不可能毕其功于一役,还有很长的路要走。

吴忠豪

2023 年 11 月

目　录

第1讲　爱的捉迷藏

——一年级上学期《逃家小兔》"整本书阅读"学习任务群设计 ····················· 1

第2讲　欢乐童谣节，点亮你我他

——一年级下学期《童年的小白船——读读童谣》"整本书阅读"学习任务群

设计 ····················· 13

第3讲　有朋友真好

——二年级上学期《孤独的小螃蟹》"整本书阅读"学习任务群设计 ············ 26

第4讲　我可以

——二年级下学期《鸭子骑车记》"整本书阅读"学习任务群设计 ·············· 38

第5讲　奇幻想象，点亮童年

——三年级上学期《丑小鸭——我们一起读童话》"整本书阅读"学习任务群

设计 ····················· 49

第6讲　照亮现实，遇见美好

——三年级上学期《稻草人》"整本书阅读"学习任务群设计 ····················· 61

第7讲　与鲍雷伊结伴成长

——三年级下学期《亲爱的汉修先生》"整本书阅读"学习任务群设计 ········· 72

第8讲 小寓言,大智慧

——三年级下学期《故事里的智慧——读读中国古代寓言》"整本书阅读"
学习任务群设计 ·· 83

第9讲 说声"谢谢你"

——四年级上学期《夏洛的网》"整本书阅读"学习任务群设计 ············ 95

第10讲 来一次屋内的科学旅行

——四年级下学期《十万个为什么》"整本书阅读"学习任务群设计 ·········· 107

第11讲 探寻烽火少年的成长密码

——四年级下学期《小英雄雨来》"整本书阅读"学习任务群设计 ············· 118

第12讲 口耳相传,继承美好

——五年级上学期《田螺姑娘——中国民间故事精选》"整本书阅读"学习
任务群设计 ·· 128

第13讲 聚散爱永在

——五年级上学期《团圆》"整本书阅读"学习任务群设计 ··············· 142

第14讲 品读西游,修炼"真经"

——五年级下学期《西游记(青少版)》"整本书阅读"学习任务群设计 ········ 151

第15讲 伸出你的"天使之手"

——六年级上学期《断喙鸟》"整本书阅读"学习任务群设计 ············· 164

第16讲 苦难与成长

——六年级上学期《童年》"整本书阅读"学习任务群设计 ··············· 175

第17讲　行走在历史文化街

——六年级上学期《上下五千年(上)》"整本书阅读"学习任务群设计 ········ 187

第18讲　最美童年,向阳生长

——六年级下学期《童年河》"整本书阅读"学习任务群设计 ·············· 198

第19讲　用智慧创造希望

——六年级下学期《鲁滨逊漂流记》"整本书阅读"学习任务群设计 ········· 211

第1讲　爱的捉迷藏

——一年级上学期《逃家小兔》"整本书阅读"学习任务群设计

一、主题与内容

（一）文本解读

《逃家小兔》是作家玛格丽特·怀兹·布朗、画家克雷门·赫德共同创作的一本适合低年级学生阅读的绘本。作家用文字叙述了小兔总想离家出走去看看外面的世界，而兔妈妈总能用语言巧妙地跟孩子进行爱的沟通。他们之间的对话奇妙而有韵味，像是一场"语言捉迷藏"的游戏。画家克雷门用极富创意的画面将故事衔接起来，黑白钢笔画与彩色跨页相互组合，带给孩子一个无限想象的空间。

（二）主题确定

小兔和兔妈妈的对话，不仅仅是一场语言的游戏，更体现了兔妈妈对小兔千奇百怪想法的理解与包容。现实生活中，很多孩子的想法与经历跟故事中的小兔非常相似。通过阅读，他们能学会感受身边人的爱，保持积极健康的心态。《逃家小兔》的阅读主题确定为：爱的捉迷藏。

（三）资源链接

读绘本前，先指导学生学习统编教材课文《大还是小》，尝试提高自我认知的能力。再链接《猜猜我有多爱你》《我爸爸》《我妈妈》《先左脚，再右脚》等有关亲情的绘本故事。

阅读目标	阅读评价
了解爱的小故事：读懂故事的主要内容,梳理故事情节,感受趣味。	能通过猜读、听读、自读等方式,预测故事的发展。
	能自己独立阅读故事,和同学结成阅读伙伴,在阅读中互相鼓励,简单交流,将故事内容说清楚。
	能利用角色卡片厘清书中小兔与兔妈妈角色转变时的对应关系,清晰梳理故事情节。
探寻爱的小秘密：打开想象的空间,发现语言和画面中的爱。	能读懂对话内容,通过表演、仿说、绘画等方式,感受语言表达特点,体会对话中隐藏的爱,并朗读出来。
	能读懂彩色插画,从色彩变化中发现画面中隐藏的爱,评选出最温馨的画面。
	关注故事中小兔和兔妈妈的言行、态度和眼神,能与同桌合作演一演这个故事。
习得爱的表达力：找寻生活中的爱,学会感受爱、表达爱。	能尝试绘制"爱的调查表",找寻生活中的爱。
	与家人合作演一演故事,学会感受爱、表达爱。
	能在课外主动阅读《我爸爸》《我妈妈》《先左脚,再右脚》等绘本,乐于跟同伴分享关于亲情的故事。

▶ 三、情境与任务

(一) 阅读情境

1. 情境：

教师创设丰富多样的对话情境,还原生活场景,带领学生玩"爱的捉迷藏"的游戏。

2. 角色：

"我是小兔子"：走进小兔和兔妈妈的世界，体会兔妈妈的爱，获得自我成长。

"我是我自己"：联系自己的生活实际，发现爸爸妈妈的爱是无私的、伟大的，学会表达爱。

（二）任务框架

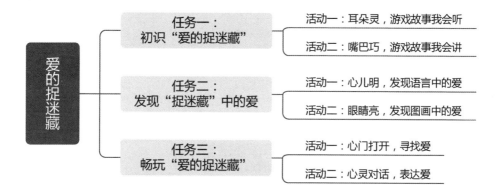

（三）任务说明

1. 主题统领：围绕"亲子之爱"的主题，设置三个关于"爱的捉迷藏"的任务。一是用"神奇的指挥棒"、角色卡牌等道具梳理小兔和兔妈妈对话中的角色变化，简单讲述故事；二是尝试用图文结合的方法进行递进式阅读，运用表演、仿说、绘画等方式融入角色，与人物一起沉浸到语言游戏中，经历"爱"的全过程；三是通过制作"爱的调查表"，找寻隐藏在生活中的爱，与父母玩一玩"爱的捉迷藏"的游戏，获得安全感，丰富精神世界。

2. 策略支持：绘本阅读是一项调动全身器官参与的智力活动。尤其是一年级的孩子，他们在阅读时常常会手舞足蹈，可以说一年级孩子是在"用身体阅读"。因此，教师要创设游戏化的情境，制作各种游戏道具，让孩子在轻松愉悦的氛围中表达他们对故事内容的理解与感受。一是指导学生运用亲子阅读、自主阅读等方式，读读猜猜，了解故事的主要内容；二是针对故事中角色变化较多的特点，指导学生制作角色卡片，利用角色卡片梳理故事情节；三是指导学生采用预测与推想的阅读策略，关注故事情节，观察画面的衔接与穿插，发现人物之间的关系变化,进行体验式阅读。

3. 时间分配:

时间	形式	任务
20分钟	引导阅读	猜读故事
1天(课外)	自主阅读	初读感知
1课时	阅读交流	讲述故事
1课时	阅读交流	表演故事
20分钟	延伸阅读	仿写对话
2天(课外)	阅读实践	制作微电影

四、活动与建议

任务一:初识"爱的捉迷藏"

阅读情境:

小朋友们,你喜欢玩捉迷藏的游戏吗? 一个躲,一个找,多么有趣啊! 有这么一本书,讲了一个别样的捉迷藏的故事,我们一起去看看吧!

阅读过程:

活动一:耳朵灵,游戏故事我会听

1. 读图画,猜读封面信息。

(1) 故事的主人公是谁? 你怎么知道的?

(2) 他们在干什么? 你怎么知道的?

(3) 小兔会成功吗? 你为什么这么想?

提示:重点引导学生观察图片中的人物,展开猜想。

2. 读文字,猜读封面信息。

(1) 认识作者,简单介绍。

（2）了解作者创作的意图，感受兔妈妈和小兔之间的爱。

提示：引导学生关注封面上的文字、图画，了解本书的相关信息，学习阅读绘本的基本方法。

3. 听故事录音，边听边用手指书中的字，自主认字。

4. 利用"神奇的指挥棒"自主阅读。

提示：（1）让学生自己制作红色和绿色两根小棒，举起红色小棒代表慢读，努力做到读准每一个字音；举起绿色的小棒代表快读，努力做到读得又快又准确。遇到不认识的字，可以再听一遍故事或者请教父母、老师、同学。

（2）引导学生在听故事的过程中自主认字，可以多听几遍。

5. 邀请身边的同伴玩"变速读故事"的游戏，请他用上两种颜色的小棒指挥你读故事。看看谁反应快，同时又能把故事读清楚、读准确。

提示：同学互读的游戏中，要注意引导他们遵守游戏规则，不能故意刁难同学。

活动二：嘴巴巧，游戏故事我会讲

1. 巧用角色卡，梳理情节。

老师事先做好小兔和兔妈妈的角色变化卡。

（1）排排队：按故事发展的先后顺序玩一玩"卡片排排队"的游戏。

（2）对对碰：同桌合作玩"爱的捉迷藏"游戏。当一个同学拿出一张小兔角色卡片，另一个同学就要找出相对应的兔妈妈的角色卡片，看看谁的反应快。

（3）摆一摆：回顾每一次"爱的捉迷藏"，对应摆一摆角色卡片，将角色卡片摆在下面的心形图中。左边摆小兔的角色变化卡，右边摆兔妈妈的角色变化卡，看谁玩得又快又好。

提示：玩角色卡的过程要有序，老师可先示范，再让学生独立完成。

2. **按照角色变化卡，讲述故事。**

同桌合作讲故事，一人说小兔的话，一人说兔妈妈的话。

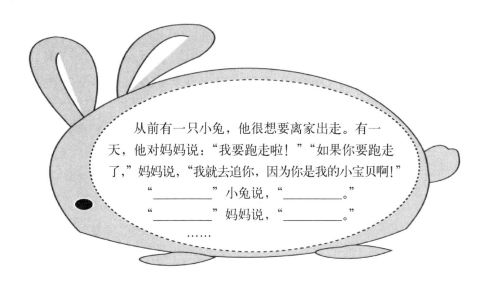

从前有一只小兔，他很想要离家出走。有一天，他对妈妈说："我要跑走啦！""如果你要跑走了，"妈妈说，"我就去追你，因为你是我的小宝贝啊！"

"_____"小兔说，"_____。"

"_____"妈妈说，"_____。"

……

提示：教师出示故事开头，让学生参照角色变化卡来讲故事，做到有据可依，能按顺序讲述故事。

【教学建议】

绘本阅读中最为重要的就是理解图文关系，在学生还没有能力完全自主阅读前，教师可通过创设游戏化的方式引导学生读懂图文之间的关系。阅读绘本要引导学生读懂"画中话"。在"初识'爱的捉迷藏'"这一任务中，教师要设计游戏化的教学，引导学生在边玩边学中尝试读出"画中话"，初步掌握看图讲故事的方法。

1. 花样朗读。

引导学生在趣味十足的观、触、猜、听、说、讲等过程中，多角度、多途径地去欣赏绘本的精美画面，猜猜封面信息，了解作者创作意图，用好"神奇的指挥棒"边玩边读，轻松把图文关系理清楚。

2. 角色卡片助读。

引导学生用好角色卡片。学生在玩角色卡片的过程中,通过自己的判断、想象"读"图,继而说发现、猜过程、说情节、说结果,获得更多、更准确的信息。对学生借助角色卡讲故事的要求不要太高,学生能根据角色卡片读懂简单的"画中话",并能按顺序讲述就可以。

任务二:发现"捉迷藏"中的爱

阅读情境:

让我们走进兔妈妈和小兔的对话场景,跟他们一起玩一玩"爱的捉迷藏"的游戏吧!

阅读过程:

活动一:心儿明,发现语言中的爱

1. 演一演。

(1) 同桌分工合作,制作头饰与其他道具。

提示:可以请父母帮助制作道具。

(2) 一人扮演小兔,一人扮演兔妈妈,玩"爱的捉迷藏"的游戏。

(3) 采访小兔和兔妈妈,发现"逃跑与寻找"背后的秘密。

示例:

采访小兔:小兔,你为什么要逃走啊?

小兔:因为我整天待在家里太无聊了,我想出去看看外面的世界。

采访兔妈妈:兔妈妈,你为什么总能想到办法找到自己的孩子啊?

兔妈妈:因为我太爱我的孩子了。

(4) 小结:小兔想逃走是想要看看外面的世界,兔妈妈则是因为爱自己的孩子,所以才想跟着他、保护他。家是我们每个人最温暖的港湾。

2. 仿一仿。

(1) 如果你是小兔,你想变成什么逃走呢? 你觉得兔妈妈又会变成什么来寻找你呢? 请你想一想,填一填。

人物	小兔	兔妈妈
变成什么		
变成什么		
变成什么		

（2）模仿故事，仿说对话。

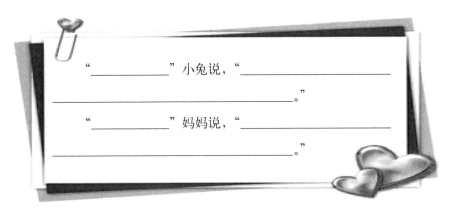

“_____”小兔说，“_____

_____。”

“_____”妈妈说，“_____

_____。”

提示：引导学生结合小兔的角色，联系自己的生活实际进行想象。仿说对话时，要模仿书中的句式，不能自由发挥。

示例：

“如果你来追我，”小兔说，“我就变成一滴水，让你找不到我。”

“如果你变成一滴水，”妈妈说，“我就变成大海，总有一天你会回到我的怀抱。”

（3）请用上温暖的色彩、温馨的画面，给你说的对话配上一幅有趣的插图吧！

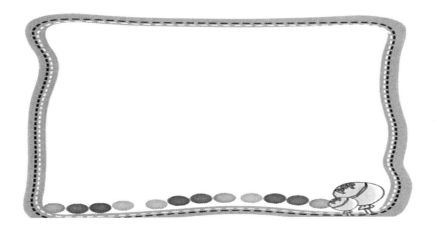

自我评价						
色彩的温暖度	☆☆☆	（　　）	☆☆	（　　）	☆	（　　）
画面的关联度	☆☆☆	（　　）	☆☆	（　　）	☆	（　　）

活动二：眼睛亮，发现图画中的爱

1. 仔细观察绘本中的插图，说说有什么新的发现。

2. 看一看，想一想，按类别将序号填入表格中。

① 彩色　　② 开心　　③ 小兔逃，妈妈追　　④ 黑白　　⑤ 妈妈找到了小兔　　⑥ 孤单

色彩	故事	心情

3. 请选出书中你认为最温馨的一幅画面，说说理由。

4. 小结：读书就像玩游戏，小朋友们玩得真棒！心儿明、眼儿亮，不仅能够通过仔细观察绘本中的色彩变化，读懂故事的内容，还能体会小兔和兔妈妈的心情，真是游戏高手！

【教学建议】

绘本有两个语言系统，一个是文字，另一个是绘画。教师要创设游戏的情境，让学生沉浸其中，将阅读的触角同时触碰文字表达与图画表达，发现语言和画面中蕴藏的爱。

1. 模仿角色对话，展开想象发现爱。

引导学生感受故事中的角色，联系自己的生活实际进行想象，一句一句、一段一段，完成由简单到较复杂的对话，并结合表演绘本剧这一活动，让每个孩子都动起来、说起来、演起来，在说说、演演的过程中，发现兔妈妈对小兔的爱。

2. 体会色彩情感,深入想象体验爱。

色彩是带有情感的。教师引导学生通过观察彩色与黑白的画面,用表格作为阅读支架,透过色彩进行想象,把自己与小兔联系在一起,想象小兔与妈妈分离、相聚时不同的心情,体会父母对自己的爱,并能有感而发。

任务三:畅玩"爱的捉迷藏"

阅读情境:

你有过跟故事中的小兔一样的想法吗? 让我们一起走进生活,跟爸爸妈妈一起玩一玩"爱的捉迷藏"吧!

阅读过程:

活动一:心门打开,寻找爱

1. 绘制"爱的调查表"。

(1) 播放一个想离开家的小朋友的视频,引导学生仔细听听他的心里话。

(2) 你是不是曾经也有过这样的想法? 你为什么想离开家呢?

(3) 老师听明白了,原来我们心里都有缺失的一角! 让我们一起绘制一张"爱的调查表",把心里"缺失的一角"找回来吧!

爱的调查表

小朋友们,让我们一起问问自己的内心,选一选、涂一涂,完成这张"爱的调查表"。

	从来没有	偶尔有	经常有	每天有
① 你是否有过离开家的想法?				

	外婆家	朋友家	酒店	别的城市
② 如果你独自离开家,你想去哪里?				

---

③ 如果让你跟一位家人玩"爱的捉迷藏"的游戏,你最想跟谁玩?

爸爸	妈妈	爷爷	奶奶	外公	外婆	( )

④ 你想离开家的原因是什么?请你写一写。

_____

_____

提示:绘制"爱的调查表"时,要根据自己班学生的情况进行调整,贴合学生的实际,这样的调查才是有效的。

2. 采访爸爸妈妈。

(1) 从"爱的调查表"中,老师读懂了你们的内心,并把你们的想法跟爸爸妈妈说了,下面我们一起来听一位妈妈的心声吧!

(2) 教师播放事先录制好的音频。

3. 小结:原来爸爸妈妈也是非常爱我们的,只是把爱"藏"起来了。让我们学习小兔,跟爸爸妈妈玩一场"爱的捉迷藏",把"爱"找出来吧!

活动二:心灵对话,表达爱

1. 选择一位家人,邀请他和自己一起玩一次"爱的捉迷藏"的游戏,并拍摄成微视频,作为一份"爱的永恒记忆"留存。

(1) 选择一位家人,与自己拍摄微视频。

(2) 仿照文中对话的句式,跟爸爸妈妈一起写剧本。

(3) 记录对话,生成剧本。

(4) 准备道具,拍摄微视频。

2. 拓展阅读:学生通过自主阅读、同伴阅读、亲子阅读等方式,阅读《我爸爸》《我妈妈》和《先左脚,再右脚》,并分享阅读感受,得到爱的滋养。

【教学建议】

1. 阅读情境从课堂延伸到家庭。

教师通过视频、采访录音等来营造课堂气氛,提供多种体验。同时设置"说说心里话""爱的调查表"等阅读活动,创造一个温情的学习环境,将绘本故事与阅读绘本的人(包括学生、教师、家长)共同构建起一个"情感充实的语境",实现阅读的情感延续和情感共鸣,帮助儿童更有效地掌握语言,实现创意表达。

2. 巧设调查与采访,找到隐藏的爱。

"心门打开,寻找爱"这一活动重在引导孩子学习体察情感,接纳情感。"爱的调查表"的游戏完全站在孩子的角度,引导他们说出自己的感受,从而让孩子知道自己是被理解的。教师录制采访父母的音频,播放给孩子们听,是对孩子的情感回应。调查与采访,形成了一条情感交流的通道,让孩子放下戒备,敞开心扉,正视内心情感,真正找到隐藏的那份亲子之爱。

3. 玩转剧本与表演,表达浓浓的爱。

孩子是天生的游戏者,亲子游戏有利于孩子身心的健康发育。孩子在与父母游戏的过程中,能自觉地模仿父母的言行举止,主动地去认识周围的世界,增进知识、丰富体验。教师要引导父母在聆听孩子心声的基础上,与孩子一起玩"爱的捉迷藏"的游戏。父母要与孩子充分沟通,一起把游戏过程记录下来,拍摄微视频,让孩子在游戏中感受那份浓浓的亲子之爱。

（编写人：江苏省江阴市实验小学　高翠萍　黄晓霞）

第2讲　欢乐童谣节,点亮你我他

——一年级下学期《童年的小白船——读读童谣》"整本书阅读"学习任务群设计

➡ 一、主题与内容

(一) 文本解读

《童年的小白船——读读童谣》童谣精选集,为儿童营造了一个有趣、好玩、充满想象力的童谣世界。本书主要分成四个部分:第一部分,奇妙大自然;第二部分,可爱大家园;第三部分,生活万花筒;第四部分,游戏趣乐园。书中的童谣主题丰富多样,内容浅显易懂,语言活泼俏皮,节奏轻松明快,读起来朗朗上口,回味起来却又意蕴深远。

(二) 主题确定

童谣可以"读",打着节拍读,摇头晃脑读。还可以"唱",和着琴声唱,伴着游戏唱。更可以"写",仿照样子写,依据情境写。读、唱、写,是学习童谣正确的打开方式。正是在沉浸式的自主阅读、分享式的合作阅读、演绎式的创意阅读、探究式的拓展阅读中,儿童培养了阅读能力、丰富了生活阅历、获得了精神成长。阅读童谣的过程,就是儿童"心灵解放"的过程、"精神发育"的过程、"言语生长"的过程。因此,《童年的小白船——读读童谣》的阅读主题确定为:欢乐童谣节,点亮你我他。以节日的形式推进童谣的深度阅读,助力儿童在阅读中欢快成长。

(三) 资源链接

1. 与学过的课文《姓氏歌》《小青蛙》《猜字谜》等联读,培养学生的阅读能力,提升阅读品质。

2. 与《儿歌三百首》《读读童谣和儿歌》等比较读，在同和异的思辨中丰富学生的精神世界。

➡️ 二、目标与评价

阅读目标	阅读评价
读一读，让小耳朵灵起来：在各种形式的朗读中激发阅读兴趣，养成良好的阅读习惯，感受童谣之韵味。	能制订适切的阅读计划，并根据计划自主阅读、记录，习得阅读方法。
	能和小伙伴、自己的家人等分享喜欢的童谣，并简单说说理由，积累阅读经验。
	能以多种形式朗读童谣，感知童谣的节奏、韵律，感受阅读童谣带来的乐趣。
玩一玩，让小身板动起来：在生动活泼的游戏中体会童谣之趣味。	能选择自己喜欢的童谣，配上适宜的音乐或乐器唱一唱、演一演。
	能根据不同的场地或游戏，挑选合适的童谣诵一诵、玩一玩。
写一写，让小脑筋活起来：在创编或仿编童谣中培养想象能力，体悟童谣之意味。	能仿照样例或依据情境任务，创编童谣，表达自己独特的体验与思考。
	能有意识地搜集和积累生活中的童谣，丰富精神世界。

➡️ 三、情境与任务

（一）阅读情境

1. 情境：

创设"欢乐童谣节"的情境。

2. 角色：

朗读者：在多样化的朗读中体会童谣独特的韵味。

游戏者：在趣味化的活动中享受童谣带来的乐趣。

创作者：在任务化的创编中展现多姿多彩的童年生活。

(二) 任务框架

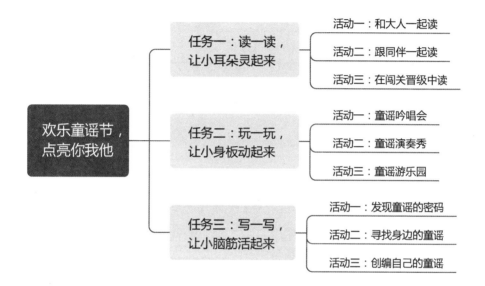

(三) 任务说明

1. 主题统领：举办以"欢乐童谣节,点亮你我他"为主题的校园童谣节,让儿童在富有情趣的诵读和游戏活动中、在创意十足的仿编与创编实践中,深切感受童谣的节奏美、韵律美、语言美,体验整本书阅读带来的精神愉悦,获得阅读经验与人生经验两方面的增长,让美好的童年熠熠生辉。

2. 策略支持：一是丰富多样地"读",有自读、合作读,有拍手读、摇头晃脑读等,让学生在多层次的诵读中对童谣形成结构化认知。二是趣味盎然地"唱",有边演边唱、边玩边唱,让学生在多种形式的吟唱中对童谣形成立体化感悟。三是无拘无束地"写",有仿编、创编,让学生在创意化想象中传承童谣。

3. 时间分配：

时间	形式	任务
3～4 周(课外)	沉浸式自主阅读	完成任务一
1 课时	分享式合作阅读	
2 课时	演绎式创意阅读	完成任务二
2 课时	探究式拓展阅读	完成任务三

------------------- ▶ **四、活动与建议** -------------------

任务一：读一读,让小耳朵灵起来

阅读情境：

今天,我们将正式走进"欢乐童谣节"啦！童谣篇幅短小,语言活泼,想象丰富,节奏明快,读起来朗朗上口。先和大人一起读读《童年的小白船——读读童谣》,然后参加闯关晋级比赛,分享喜欢的童谣,交流阅读的感受。

阅读过程：

活动一：和大人一起读

1. 和大人一起背背读过的童谣,说说是从哪里学的。

2. 根据封面、目录,"抢鲜"阅读。

提示：先观察封面,按照从上到下的顺序说说封面上的内容；再浏览目录,猜猜这本书分成几个部分；然后根据标题旁边的页码,找找自己感兴趣的童谣。

3. 在老师或家长的帮助下,制订适切的阅读计划。

提示：预估每天的阅读量,制订阅读计划。阅读计划表可以是纸质的,也可以是电子的(如阅读打卡小程序等),提升阅读质量。

4. 依据阅读计划,开启美妙的童谣之旅：借助拼音或插图自主阅读,养成良好的阅读习惯。时间为3～4周。

提示：

(1) 爱护图书：保持整洁,不在上面乱涂乱画。准备一个书签,读到哪里夹在哪里。

(2) 每天阅读：坚持每天阅读30分钟,读3～4首。

(3) 边读边问：遇到不认识和不理解的字词向同学、老师或家长请教。

示例：

做个快乐的啃书虫

姓名：＿＿＿＿＿＿＿＿

阅读日期	篇　名	喜爱程度
		☆ ☆ ☆
		☆ ☆ ☆
		☆ ☆ ☆
		☆ ☆ ☆
		☆ ☆ ☆

5. 可以根据不同的内容或类别选择有趣的朗读方式,如打节拍读、两人击掌接龙读等。

示例：

你拍一,我拍一,

保护环境要牢记。

你拍二,我拍二,

大家上山栽树儿。

……

提示：这首童谣属于拍手歌,可以两个人击掌接龙读。

6. 用多种方式和自己的爸爸妈妈分享读过的童谣。

活动二：跟同伴一起读

1. 按照"做个快乐的啃书虫"中"☆☆☆"记录情况，筛选出自己喜爱的童谣。

2. 和好朋友一起分享喜欢的童谣，并简单说说理由。

提示：根据情境对话框，说一说喜欢的理由。

你读完《童年的小白船——读读童谣》了吗？

_____

我最喜欢的童谣是_____，因为_____。你呢？

_____

活动三：在闯关晋级中读

1. 背一背书中有趣、好玩的童谣，体会阅读的快乐。

2. 带上"快乐闯关卡"，勇闯基础关、进阶关和挑战关，让小耳朵"灵"起来，感受童谣的韵味。

示例：

快乐闯关卡

挑战关
☆☆☆

进阶关
☆☆

基础关
☆

（1）基础关：童谣朗诵会。

选择一首童谣，配上好听的音乐，加上合适的动作，读给大家听。可以一个人读，也可以和小伙伴一起读。注意态度自然大方，声音响亮清楚，读的时候眼睛看着大家。

（2）进阶关：童谣对对碰。

你背他来接。和小伙伴合作背童谣，可以你背一句，他接一句；也可以你背一首，他接一首。

示例：

《野牵牛》

野牵牛——爬高楼，

高楼高——爬树梢，

树梢长——爬东墙，

东墙滑——爬篱笆，

……

你问他来答。注意听清问题，合理应答。

示例：

《什么虫儿空中飞》

问：什么虫儿空中飞？

答：蜻蜓空中飞。

问：什么虫儿树上叫？

答：知了树上叫。

问：什么虫儿路边爬？

答：蚂蚁路边爬。

问：什么虫儿草里跳？

答：蚱蜢草里跳。

（3）挑战关：童谣大变身。

试用方言读。可以用当地方言，也可以尝试用其他方言。

3. 根据闯关数量、朗读（背诵）能力、阅读收获等方面填写评价表，评选"最佳朗读者"。

示例：

项目	标准	等级
闯关数量	基础关，进阶关，挑战关。	☆☆☆
朗读(背诵)能力	态度自然大方，普通话正确规范，能用语气、语调、节奏表现对童谣的理解和感受。	☆☆☆
阅读收获	分享自己的阅读计划和经验。	☆☆☆

【教学建议】

1. 阅读过程进阶化。只有阅读空间开放，阅读活动互联，学生才会主动阅读、拾级而上，他们的精神世界才会丰盈。教师设置了系列化、递进式的"阅读打卡""分享交流""闯关晋级"等丰富多样的活动，助力学生积累整本书阅读经验，养成良好的阅读习惯。

2. 阅读实践创意化。创新阅读方式，开展"童谣对对碰""童谣大变身"等趣味性、陌生化的实践活动，引领学生用自己喜爱的方式分享阅读成果，丰富阅读体验，感受阅读带来的乐趣。

任务二：玩一玩，让小身板动起来

阅读情境：

有些童谣还编成了好听的儿童歌曲，可以和小伙伴们一起唱一唱，也可以配上合适的乐器玩一玩，还可以边做游戏边读童谣。

阅读过程：

活动一：童谣吟唱会

1. 先找一找书中哪些童谣适合吟唱，再跟着视频或音频学一学、唱一唱。

2. 举行班级吟唱会，可以吟唱书中的童谣，也可以吟唱生活中学会的童谣。

《童年的小白船——读读童谣》吟唱会评价表

童谣吟唱会评价表	
吟唱者	评价标准
	声音响亮：☆　☆　☆
	熟练动听：☆　☆　☆
	神态自然：☆　☆　☆

活动二：童谣演奏秀

1. 选一首喜欢的童谣，配上合适的乐器（如快板、木鱼、沙锤、三角铁等）读一读、唱一唱。

提示：根据所选的童谣选择合适的乐器。

2. 制作演奏节目单，举行班级演奏秀。

示例：

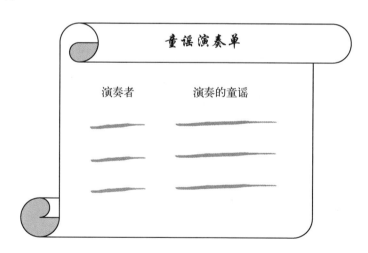

活动三：童谣游乐园

1. 找一找书中的哪些童谣可以边玩游戏边吟诵。

2. 玩一玩，选择合适的场地和小伙伴边玩游戏边吟诵，在游戏中体会阅读童谣的乐趣。

【教学建议】

1. 阅读方式趣味化。为激发学生阅读动力,可以尝试跨学科学习,打通整本书阅读与音乐、体育等学科之间的关联,开展趣味性的"童谣游乐园"等跨学科主题实践活动,引导学生综合运用多学科知识或能力解决问题、完成任务,多维度体悟童谣之趣。

2. 阅读体验情感化。阅读体验是一个循序渐进的动态过程,喜爱度、愉悦感和美感是阅读体验的三个层级。为促使学生完整而充分地经历阅读体验的三个层级,在分享阅读成果的时候,可以设置创意性的"童谣演奏秀"等语文实践活动,引导学生做一名体验者,在演奏过程中进一步感受童谣,进而爱上童谣、爱上阅读。

任务三:写一写,让小脑筋活起来

阅读情境:

生活中处处有童谣,电影中、故事书里、小伙伴口中、大人们的记忆里⋯⋯仿照书中的童谣,编编新的童谣,让我们的童年星光熠熠。

阅读过程:

活动一:发现童谣的密码

1. 找相同:先以小组为单位,说说童谣的表达特点,再进行全班交流。

提示:句子较短,时有押韵,富有节奏,经常运用反复手法。

2. 品不同:初步感知童谣内容丰富、形式多样的特点,给书中的童谣分类。

缤纷童谣乐园	
摇篮曲	
数数歌	
问答歌	
谜语歌	
游戏歌	

提示：

（1）摇篮曲：又叫催眠曲,如《摇篮曲》《睡午觉》等。

（2）数数歌：用来锻炼儿童数数能力的童谣,如《一二三四五》《数蛤蟆》等。

（3）问答歌：采取一问一答或连问连答的方式来描述事物、反映生活的童谣,如《水乡歌》《什么虫儿空中飞》等。

（4）谜语歌：以谜语形式叙述事物或现象的童谣,如《雪》等。

（5）游戏歌：做游戏时吟唱的童谣,如《找朋友》《踢毽子》《跳房子》等。

3. 读读《儿歌三百首》《读读童谣和儿歌》,从内容、形式等方面与本书比较异同。

活动二：寻找身边的童谣

1. 找找生活中的童谣,如电影中的、故事书里的、小伙伴口中的、大人们记忆里的……可以用表格形式记录下来,也可以用图文形式描绘出来。

生活中的童谣	
电影中的	
故事书里的	
小伙伴口中的	
大人们记忆里的	

2. 与小伙伴分享自己找到的童谣,可以读、可以唱、可以演、可以画,还可以一起玩一玩。

活动三：创编自己的童谣

1. 仿照书中的样子,展开丰富的想象编一编童谣。

提示：

（1）照着编,模仿童谣的句式或结构编。如仿照《水乡歌》的问答句式,编一段或几段。

示例：

水乡什么多？

鱼多。

千条鱼,万条鱼,

鱼儿一条连一条,

跃出水面吐泡泡。

(2)接着编,顺着童谣的意思往下编。如根据《捏泥巴》中的内容,结合自己的生活经历,继续描绘泥巴被捏成的样子。

示例:

先捏一只鸡,

再捏一只鸭。

捏头小牛哞哞叫,

捏条小鱼快快游,

捏只小兔蹦蹦跳,

……

2. 依托情境任务,创编童谣。

示例:

情　境

小林班要举行一场趣味运动会,得边吟唱童谣边参加活动。活动项目有:踢毽子、跳房子、丢沙包、抽陀螺、转呼啦圈。为此,小林班发出了一道"征集令",大家快帮他们创编童谣吧!

3. 用自己喜欢的方式自由创编,记录七彩的童年生活。

示例:

《四季花歌》

春季迎春吹喇叭,

夏季荷花池中立,

秋季桂花香千里,

冬季蜡梅笑开颜。

【**教学建议**】

1. 阅读思维可视化。为了更直观地呈现学生的思维,在探寻童谣的表达密码时,可引导学生从不同的角度(字数、音韵、写作手法等)进行梳理和提炼,也可与类似的文本(如《儿歌三百首》)进行比较与分析,使学生不仅看得见"内容",读得懂"含义",更学得会"形式"。

2. 阅读视野审美化。阅读是一个不断"打开"的过程,这样才能"神入"文本所描绘的场景、故事、情感之中,开阔阅读视野,提升创造、审美和鉴赏能力。所谓的"打开",可以是阅读完整本书后做一名发现者,用美的眼光收集生活中的作品,或是做一名创作者,进行创造性表达;还可以内外联结,将整本书阅读与电影、戏剧、音乐、美术等进行关联与比较,用更多维、更立体的视角开展阅读、梳理、探究、交流等活动,形成基本的审美能力,培养优雅的审美情趣。

(编写人:江苏省江阴市晨光实验小学　钱军伟)

第3讲　有朋友真好

——二年级上学期《孤独的小螃蟹》"整本书阅读"
学习任务群设计

一、主题与内容

（一）文本解读

《孤独的小螃蟹》是儿童文学作家冰波的作品,讲述了一只失去小伙伴的小螃蟹战胜孤独的故事。起初,面对朋友小青蟹的离去,小螃蟹怅然若失,陷入孤独。后来,它通过不断地帮助别人,生活变得充实而快乐。它战胜了孤独,赢得了大家的喜爱。故事让我们明白:当你暂时陷入孤独时,不要沮丧,要保持内心的温暖和善良,在帮助他人的过程中,收获友谊,快乐生活。

故事以拟人的手法描写动物世界中的友情,动人的内容加上彩绘的插图,非常适合低年级学生阅读。对于低年级学生来说,在读读、讲讲、画画、写写中理解故事内容,体验阅读的快乐和获得成就感,是非常重要和美好的事。

（二）主题确定

这个故事通过表现动物之间真挚的友情,向孩子传达出健康向上的价值观,帮助孩子更好地认识世界、认识伙伴、认识自己,引导孩子加深对友情的认识、理解和思考。所以,本书的阅读主题确定为:有朋友真好。这里的"朋友",既指书中小螃蟹身边的小伙伴,也指孩子现实生活中的朋友。

（三）资源链接

可拓展阅读《恐龙鲁鲁》《我有友情要出租》等关于友情的故事。

阅读目标	阅读评价
兴趣习惯：能饶有兴趣地阅读全书，形成每日阅读、边读边思、关注难词、积累新词等阅读习惯。	能自主制订阅读计划，按照计划有序阅读，坚持读完整本书。
	能通过联系上下文、查字典等方法理解难词和新词，主动积累词语。
	能形成每日阅读、边读边思的习惯，能用词语或短句来记录自己的阅读发现和思考。
讲述故事：能借助图片，比较完整地复述故事，能变换角色讲故事。	能通过图示厘清重点情节，完整地复述故事，讲清主要人物的经历、结局等关键信息。
	能变换角色，从小纸鸟、小乌龟、狮子王等角度来讲述小螃蟹助人的故事。
	能比较生动地把故事讲给爸爸妈妈等身边人听。
感悟成长：把握人物特点，发现人物的前后变化和成长。	能对比阅读小螃蟹的前后变化，体会小螃蟹的转变与成长。
	能通过对比，深入理解小青蟹去而复返的原因，体会友谊的珍贵。
	能进行合理想象，画一画、写一写小青蟹出走后的经历，体会小青蟹追寻幸福的心路历程，明白幸福源于相互陪伴、友谊源于共同经历。
自我内化：能学习书中人物，解决生活中的问题，收获友谊。	能用自己的话简单讲讲恐龙鲁鲁的故事或是自己和伙伴间的故事。
	能认识到身边朋友的可贵，用自己喜欢的方式感谢、赞美自己的朋友。

（一）阅读情境

1. 情境：

在生活中，当我们和好朋友分别，陷入孤独和悲伤的时候，我们应该如何走出困境呢？让我们读读《孤独的小螃蟹》，发现拥有友谊的秘诀吧！

2. 角色：

把自己当作小螃蟹，走进小螃蟹的内心，经历小螃蟹的喜怒哀乐，感受小螃蟹的转变与成长，收获属于自己的成长感悟。

（二）任务框架

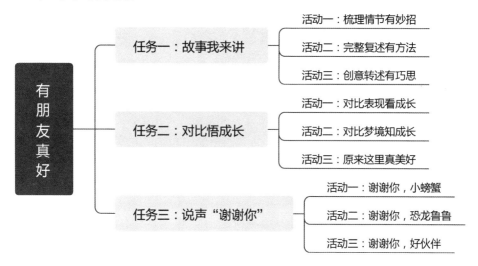

（三）任务说明

1. 主题统领：本书讲述的是小螃蟹在朋友离去后，直面孤独、无私助人、战胜孤独、重获友情的故事。"友情"是这本书的主题。学生以书中的"友情"为参照，能更加深入地理解人物成长的轨迹，发现自己的成长，获得生命的启迪和滋养。

2. 策略支持：一是引导学生借助人物出场次序图、情节记录卡等进行梳理与探究,关注故事中人物与人物、情节与情节、人物与情节等方面的联系;二是引导学生运用预测推想、验证比较、角色代入、想象补白等方法进行探究式阅读,在阅读中找到自己生活的影子;三是用"故事分享会""友情颁奖会"等阅读任务引导学生阅读、思考、体会、感悟,提升阅读思维能力,让学生成为积极的阅读者。

3. 时间分配:

时间	形式	任务
3天(课外)	自主阅读	制订阅读计划,认真地读完全书;通过联系上下文、查字典等方法理解难懂的词语,主动积累好词。
1课时	阅读分享课	完成任务一
2课时	精读推进课	完成任务二
3天(课外)	自主阅读	阅读《恐龙鲁鲁》《我有友情要出租》等图书,能简单说说故事和对人物的印象。
1课时	"有朋友真好"阅读分享会	完成任务三

四、活动与建议

任务一:故事我来讲

阅读情境:

这是一个精彩的童话故事,怎样完整、生动地讲述给朋友和家人听呢? 让我们一步步来完成挑战,学习讲故事吧!

阅读过程:

活动一:梳理情节有妙招

1. 读故事,按照小动物的出场顺序,给他们排排队。

2. 填一填,小螃蟹助人的故事我知道。

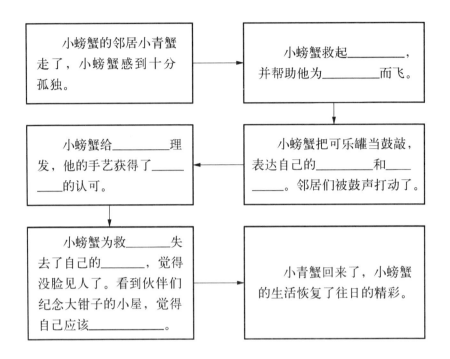

提示:在横线处填一填,梳理小螃蟹帮助他人的事。

活动二:完整复述有方法

1. 根据之前完成的情节图,完整复述小螃蟹的故事。

2. 参加故事复述进阶挑战赛。

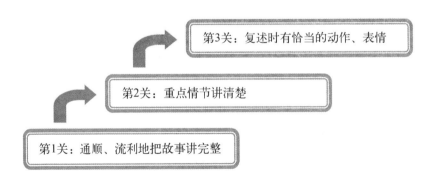

3. 制订评价标准,对同学的复述进行评价。

故事复述评价表

评价标准	评价星级		
通顺、流利、响亮,口齿清晰	☆	☆☆	☆☆☆
仪态举止落落大方,加入恰当的动作、表情	☆	☆☆	☆☆☆
人物出场顺序正确	☆	☆☆	☆☆☆
重点情节讲清楚	☆	☆☆	☆☆☆

活动三:创意转述有巧思

1. 请你从以下角色中选择一个,给小青蟹讲讲"小螃蟹的故事"。

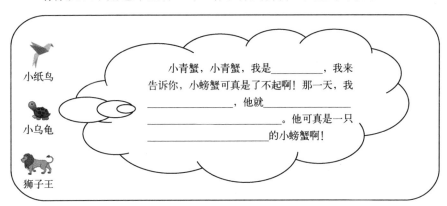

小纸鸟

小乌龟

狮子王

小青蟹,小青蟹,我是_____,我来告诉你,小螃蟹可真是了不起啊!那一天,我_____,他就_____。他可真是一只_____的小螃蟹啊!

2. 小青蟹听了小动物们给他讲的有关小螃蟹的故事,他的脑海里会浮现出一只怎样的小螃蟹呢?请用你的画笔帮助小青蟹画一画吧!

【教学建议】

1. 设计梯度,突破难点。学习复述故事要根据阅读支架的梯度循序渐进,引导学生学习复述的方法:紧扣故事的时间、地点、人物、事物以及事件发生的原因这五个要素进行复述。先引导学生梳理清楚重点人物的出场时间和先后顺序,接着根据地点和对象按顺序厘清重点情节,然后尝试讲述其中的一到两个重点情节,最后把整个故事串起来进行比较完整的复述。注意讲述时的语气、神情、动作,还要讲给不同的对象听。这样由易到难,循序渐进,让学生在层层递进的学习活动中学得本领、掌握方法、提升素养。

2. 以评促读,体验快乐。在阅读活动的过程中,要不断地对学生进行积极的过程性评价,通过学生互评、班级展评、家长评价等多元评价,让学生享受完成任务的成就感、自豪感,激发学生自主阅读的积极性和完成任务的内驱力,使其发现阅读的快乐,享受成功的喜悦。

任 务 二 : 对 比 悟 成 长

阅读情境:

读这个故事的时候,你一定有不少疑惑吧!比如,小螃蟹是如何一步步战胜孤独的? 在战胜孤独的过程中,小螃蟹发生了哪些转变? 小青蟹离开了家之后,为什么又回来了? 让我们一起通过阅读与探究,去解开这些困惑吧!

阅读过程:

活动一: 对比表现看成长

1. 读一读,找一找小螃蟹想法的前后变化。在下面的方框里填一填你的发现。

起先,小螃蟹难过的时候把自己 ☐ 起来⇨后来,小螃蟹 ☐ 自己的快乐和悲伤。

2. 小螃蟹的钳子掉了,他有什么特别的表现? 去书中找一找,圈一圈你的发现。

3. 先在鱼骨图上填一填小螃蟹钳子掉了之后的表现,再从小螃蟹的行动、心情、想法等方面说一说你的发现。

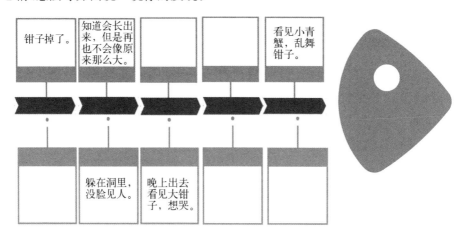

活动二：对比梦境知成长

1. 书中写了小螃蟹的两个梦，梦境分别是怎样的，在书上标注出来。

2. 比较这两个梦有什么相同和不同的地方，填一填。

比较	梦境一	梦境二
相同点		
不同点		

3. 故事中的小螃蟹给你留下了怎样的印象，请从下面的词语中选一选、圈一圈。

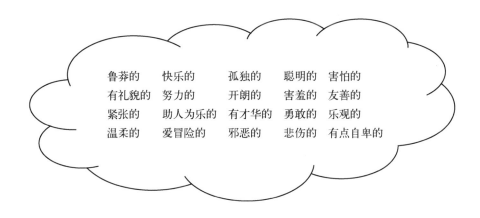

鲁莽的　　快乐的　　孤独的　　聪明的　　害怕的
有礼貌的　努力的　　开朗的　　害羞的　　友善的
紧张的　　助人为乐的　有才华的　勇敢的　　乐观的
温柔的　　爱冒险的　邪恶的　　悲伤的　　有点自卑的

活动三：原来这里真美好

1. 小青蟹离开后又回来，中间经历了什么？请你写一写吧！要交代清楚到了哪里、遇到谁、发生了什么故事。

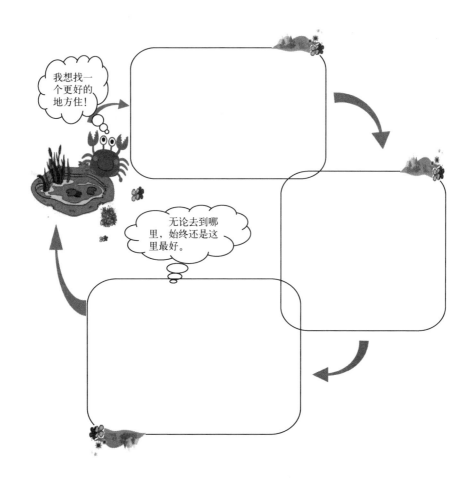

2. 小青蟹又回来了,他发现原来"这里真好"。你觉得"这里"有哪些好? 按重要程度画一画"☆"。

示例:

"好"的体现	重要程度(最多五颗☆)
能在洞口晒太阳。	
能用草叶上的水珠洗脸。	
小螃蟹很喜欢他,总是像大哥哥一样照顾他。	

【教学建议】

1. 对比阅读,发现成长。本故事的重要主题之一,就是小螃蟹的转变和成长。首先要引导学生通过阅读找到小螃蟹在故事中的悄然转变,并对这种转变进行比较、朗读、感悟,从而发现、体悟小螃蟹的"成长"。

2. 边读边思,体悟成长。为了更有效地推动学生的思维进阶,教师为学生提供了丰富多样的活动,引导学生在充分的思维活动中深化对人物的理解,获得思维的发展和精神世界的成长。

任务三:说声"谢谢你"

阅读情境:

读了《孤独的小螃蟹》,我们理解了朋友之间深厚的情谊。那么,我们该如何感谢这些在人生旅途中帮助过我们的好朋友呢? 让我们来真诚地说声"谢谢你"!

阅读过程:

活动一:谢谢你,小螃蟹

1. 从小纸鸟、小乌龟、狮子王、小青蟹等角色中任选一个,夸夸小螃蟹。

2. 写一写给小螃蟹的感谢卡。

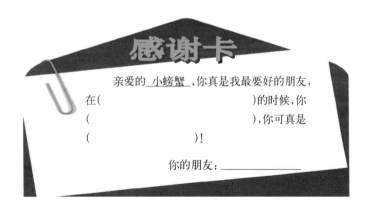

亲爱的 小螃蟹 ,你真是我最要好的朋友,

在( )的时候,你

( ),你可真是

( )!

你的朋友:_____

3. 读读贴贴:给同学读一读自己写的感谢卡,并贴到班级的展示板中进行展示。

4. 议一议:你最喜欢谁写的感谢卡,为什么?

活动二：谢谢你，恐龙鲁鲁

1. 给小伙伴讲讲恐龙鲁鲁的故事，注意把故事讲完整，把重要情节讲清楚。

2. 跟小伙伴聊一聊恐龙鲁鲁给你留下的印象。

3. 帮故事中的人物夸一夸恐龙鲁鲁。

4. 给恐龙鲁鲁写感谢卡，贴在书上相应的地方。

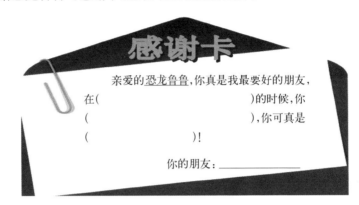

活动三：谢谢你，好伙伴

1. 在"有朋友真好"故事会上讲一讲自己和好朋友之间的故事。

2. 评一评"故事之最"：最感人的故事、最有趣的故事……

3. 给好朋友写一张感谢卡，并把感谢卡送给他（她）。

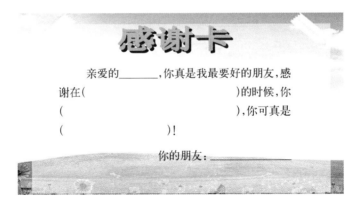

4. 有朋友真好，你能用一句话写下自己的感受吗？

示例：有了朋友，生活中就充满了阳光。

【教学建议】

1. 拓展阅读，丰富认知。一个人的阅读视野决定了认知视野，在名著的陪伴中不断前行。在深度阅读过《孤独的小螃蟹》之后,可以引导学生阅读更多关于"友情"或"成长"的读物,如《我有友情要出租》《小熊的春天》《我好想你》等,让学生在广泛的阅读中巩固阅读策略,拓宽阅读视野,提升思维品质,获得更多的启迪,收获更多的成长。

2. 收获友谊,润泽生命。小螃蟹的幸福源于帮助他人,在帮助他人的过程中他也获得了友谊。幸福的童年离不开伙伴的陪伴,引导学生发现伙伴身上的闪光点,通过赠送感谢卡、表扬卡等方式表达真诚的感谢或赞美,感受纯真美好的友谊对生命的润泽。

(编写人:江苏省江阴市城中实验小学　潘雅频

江苏省江阴市云亭实验小学　薛　贤)

第4讲　我可以

　　——二年级下学期《鸭子骑车记》"整本书阅读"
　　学习任务群设计

➡ **一、主题与内容**

（一）文本解读

　　《鸭子骑车记》是美国杰出绘本作家大卫·香农的代表作之一。这本书讲了一只满怀好奇心又勇于突破自我的鸭子学习骑自行车的故事。在途中，鸭子遇到了许多小动物，它们对鸭子骑车这件事态度各异，但鸭子一直坚持做自己，从最初骑得左摇右晃，到双手脱把骑行，越骑越熟练。鸭子的努力与坚持影响了其他动物，大家纷纷尝试骑车，从中获得了乐趣。绘本用生动的笔墨、鲜艳的色彩、夸张的造型，描绘了一个天马行空的故事，直抵儿童心灵。

（二）主题确定

　　书中这只神奇的鸭子敢于坚持自己的想法，不受他人影响，它的勇气和自信心深深地鼓舞着身边的人。其实每一个儿童都是那只对世界充满好奇心的"鸭子"，可是因为各种原因，有些儿童失去了敢于尝试的勇气。这个故事告诉我们，面对新鲜事物或困难挑战时，要鼓足勇气、敢于尝试、勇于创新、突破禁锢、挑战自我。所以，《鸭子骑车记》的阅读主题确定为：我可以。

（三）资源链接

　　可拓展阅读《鸭子开车记》《勇气》《胆小鬼威利》《达芬奇想飞》《勇敢些，小企鹅》等关于"勇气"的图书。

阅读目标	阅读评价
把故事读出来	会梳理：了解故事情节,完成"鸭子骑车路径图"。
	会概括：借助路径图,简要说说故事内容。
	会探讨：图文对照,辨析不同动物对鸭子骑车的不同态度。
把故事演出来	会讲述：抓住细节,发现语言密码,展开适当想象,具体讲述故事。
	会讲演：转换角色,模仿动物的语言、神态、动作,生动演绎故事。
把故事"变"出来	会创编：能模仿故事的写法,迁移续编故事。
	会实践：在生活中敢于挑战自我,记录自己的"勇气"故事。

■→ 三、情境与任务

（一）阅读情境

1. 情境：

生活中,有的同学不敢独自走夜路,有的不敢和新同学打招呼,有的不敢上台展示自己,有的心中有梦想却不敢用行动去实现……今天让我们一起来学习《鸭子骑车记》,走进"勇气成长营",在阅读实践中,实现从"不可能"变为"可能"。

2. 角色：

以阅读者的身份,走入故事情境,与鸭子一起经历"疯狂"之旅;以故事员的身份,从"学习讲故事",到"讲好故事",再到"创编故事",了解绘本的独特性,感悟其深刻意义,增强敢于挑战自我的勇气;以体验者的身份,走进生活,挑战不可能。

(二) 任务框架

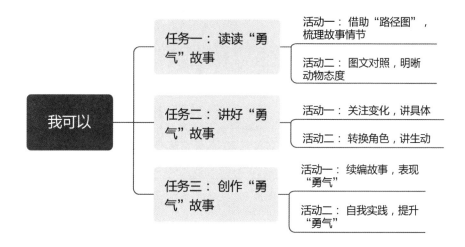

(三) 任务说明

1. 主题统领:围绕本书的主题"我可以",学生需经历三大任务的学习,点燃挑战自我的激情。任务一,通过初读故事,学生完成"鸭子骑车路径图",梳理出故事情节,把握故事主要内容,发现不同动物对鸭子骑车的态度。任务二,回顾动物们的态度,发现鸭子的车技变化,展开适当想象,把故事讲述得具体生动。任务三,链接《鸭子开车记》,进行对比阅读,分析思考两者的异同,模仿续编故事。在此基础上拓展阅读有关"勇气"的绘本,尝试生活中的挑战,记录自己的"勇气"故事。

2. 策略支持:借助支架复述故事,是二年级学生需要具备的语文能力。一是运用整体感知、借助图表策略,梳理、把握绘本内容,有序复述故事;二是运用转换角色策略,进入故事情境,扮演角色,模仿其语言、行为等特点,生动讲述故事;三是运用对比、联结、迁移等策略,用学得的方法进行故事创编。

3. 时间分配：

时间	形式	任务
40分钟	导读课	完成任务一
半天(课外)	自主阅读	了解故事
1课时	阅读交流	完成任务二
3天(课外)	自主阅读	拓展阅读有关"勇气"的故事
2课时	读写课	完成任务三

➡ 四、活动与建议

任务一：读读"勇气"故事

阅读情境：

一个农场里，生活着一只小鸭子。风和日丽的一天，小鸭子如往常一般行走在路上。一辆红色的自行车吸引了它的目光，它产生了一个疯狂的主意——骑车。一路上，它会遇到哪些动物？又会发生怎样的故事呢？

阅读过程：

活动一：借助"路径图"，梳理故事情节

1. 猜一猜，是什么。

(1) 出示画有"彩带"的环衬：小朋友们，瞧，这是什么？猜猜看，它是挂在什么地方的？

(2) 出示封面，发现封面之趣。

提示：书名的设计趣味十足。

2. 听一听，它是谁。

（1）教师出示"鸭子骑车路径图"，边讲述边引导学生看图：一天在农场里，鸭子冒出一个疯狂的主意。"我打赌我会骑车！"它一摇一摆地走到男孩停着的自行车旁，爬上去，骑了起来。开始它骑得很慢，而且左摇右晃，但是很好玩！一路上它还遇到了很多小动物。

（2）播放两个小动物的叫声，引导学生猜猜是谁。

3. 读一读，还有谁。

（1）同桌共读故事，找出鸭子还遇到哪些动物。

（2）学生交流，教师把动物名称卡随意板贴到黑板上。

4. 排一排，谁在哪。

（1）学生再读绘本，厘清线路，把每个小动物送到与鸭子相遇的地方。

（2）学生交流，相机调整"鸭子骑车路径图"。

提示：每一小组有个资料袋（里面有"鸭子骑车路径图"和动物卡片），小组成员根据书中动物的出场顺序把动物卡片贴到相应的地方。

5. 说一说，路径图。

学生根据"鸭子骑车路径图"，说一说鸭子和小动物的相遇过程。

活动二：图文对照，明晰动物态度

1. 图文对照，辨态度。

（1）看看绘本图片，读读文字，发现不同的动物刚开始对鸭子骑车的不同态度。

（2）组内交流，在每个动物的旁边标注它的态度。

（3）班级交流。

提示：注意引导学生捕捉文字和图片的信息。

2. 引导发现，归归类。

（1）过渡：看看小动物的态度，你发现了什么？

提示：发现动物们对鸭子骑车态度不一，有的是嘲讽，有的是担心，还有的是羡慕。

（2）完成表格：哪些动物的态度是一样的，把它们放一起。

小动物们对鸭子骑车的态度		
嘲讽	担心	羡慕

【教学建议】

1. 搭建支架，梳理内容。把握整本书的主要内容对于低段学生来说很有难度，这时教师就得"出手"，帮助学生借助方法，梳理故事脉络，知晓大意。这个绘本故事虽只有一个主人公，但涉及的动物较多，初读时引导学生找出这些动物，能方便他们后续快速梳理故事情节。在此基础上，学生还需要仔细观察图片，为每个动物找到与鸭子相遇的地点，完善"鸭子骑车路径图"。这是一个内化的过程，便于学生加深对故事的印象。

2. 图文对照,读懂绘本。动物的态度,有的在图画中栩栩如生地描绘了出来,有的却要读了文字才知道,这要求学生读绘本时要图文结合,这样才能关注到更多重要信息。

任务二：讲好"勇气"故事

阅读情境：

鸭子勇于挑战自我的勇气和决心让我们敬佩,这个故事应该让更多的人知道。今天我们就来办场故事会,看看谁是"故事大王"。

阅读过程：

活动一：关注变化,讲具体

1. 回顾故事,交流动物们的态度。

回顾交流：同学们,通过上节课的学习,我们知道了动物们的态度。谁能边交流,边在黑板上贴上每个动物的表情图?

2. 品读"相遇",发现句式特点。

(1) 读一读,引导学生发现绘本的句式特点——反复,为讲述服务。

① 读出动物们不同的态度。

② 分角色朗读对话,发现句式特点。

③ 采访"鸭子"的内心想法。(不管支持与否,内心依然坚定)

(2) 研读"结果"。

① 出示"动物骑车图",说说你看到了什么。

② 学生齐读文字,再次感受动物们骑车后的开心。

3. 细读文本,聊聊"鸭子车技变化"。

(1) 除了动物们的态度发生了巨大变化,你还发现什么也发生了变化。

提示：鸭子车技的变化。(学生如说不出,教师可适当提醒)

(2) 阅读绘本,发现鸭子车技的变化。

① 同桌共读绘本,合作寻找表示鸭子车技变化的文字和图片信息。

② 小组内交流找出的信息,合作尝试画出"鸭子车技变化阶梯图"。

③ 各小组展示"鸭子车技变化阶梯图",教师点评后完善。

示例：

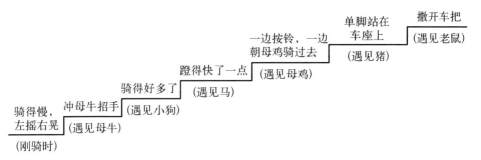

鸭子车技变化阶梯图

（3）对于鸭子骑车，小动物的态度为什么会发生这么大的转变？

提示：动物们说鸭子不可能学会骑车，但它用实际行动证明自己可以做到。

4. 结合"鸭子骑车路径图"，具体讲述故事。

（1）根据提示，练习讲述故事。

① 两人合作，选择一个相遇的场景讲述。

② 借助"鸭子骑车路径图"，在说清楚故事情节的基础上，加入动物态度的变化、鸭子车技的变化，把故事讲具体。

（2）自评互评。

（3）推选代表讲述，进行班级评比。

活动二：转换角色，讲生动

1. 以点带面找妙招。

以书中的"小猫"为例，由点到面找讲故事的妙招。

（1）自主思考：此时你就是书中的那只小猫，你会怎样来讲这个故事？

提示：① 讲故事时，应从小猫的视角讲述，不要面面俱到；② 用第一人称讲述；③ 模仿小猫的动作、神态等把故事讲得绘声绘色。

（2）学生观看别人讲故事的视频，继续发现妙招——讲故事要有对象感，要与听众互动。

提示：故事可以"亲爱的同学们，今天我遇到一件有趣的事情，讲给你听听……"为开头。

2. 转换角色讲生动。

（1）"我"是其他的小动物。

选择书中其他的一个小动物，小组内练讲。用评比标准，相互提建议，然后推选一位代表参加班级讲故事比赛。

绘本故事讲述评比标准

	评价标准	评价星级
讲述要求	声音响亮，吐字清晰。	
	讲述流畅，不停顿。	
	神态自然，大方得体。	
故事内容	按顺序讲述完整。	
	加入动物态度的变化、鸭子车技的变化等，表达具体。	
特色效果	能模仿人物语气、动作，表现人物的心情，绘声绘色地讲故事。	
	与听众有互动，讲述感染力强，让听众身临其境。	

（2）"我"是小鸭子。

其他小动物都生动地讲述了自己的经历，作为主人公的小鸭子也想讲讲自己的骑车经历。它又会怎么讲呢？先自主练习扮演"小鸭子"讲故事，再全班比赛讲演。

提示：讲述故事时用第一人称讲，不仅要结合"鸭子骑车路径图""鸭子车技变化阶梯图"等按顺序完整地讲，还要模仿鸭子和其他动物的特点绘声绘色地讲。

【教学建议】

1. 阅读前后图文，发现隐性信息。绘本故事的特点是文字精练，画面丰富。引导学生在讲故事前先仔细观察图画，既要关注画面中显性的内容，又要能发现隐性的信息。故事中，鸭子车技变化这条线索，学生容易忽略，需要教师加以引导。同时教师还应帮助学生发现故事中句式反复的特点,便于他们厘清故事结构,有条理地讲述故事。

2. 运用多重身份,讲演绘本故事。第一个活动中,学生学习了用读者身份讲述故事,但要让他们真正走进故事,就要把自己代入其中,转换角色,讲述故事。当学生摇身变为"鸭子"或"其他动物",会不自觉地运用已有经验对文本进行解读、重构,反复揣摩讲述的语气、语调,主动与故事中的人物对话、交流,入情入境地讲述故事,提升阅读理解力和语言表现力。

任务三：创作"勇气"故事

阅读情境：

我们不仅会讲《鸭子骑车记》这个故事,还从中明白了一个道理——不要在乎别人的眼光,坚持自我,敢于尝试,勇于突破自己。让我们也学着创作关于"勇气"的故事。

阅读过程：

活动一：续编故事,表现"勇气"

1. 联系故事,聊聊"勇气"。

回顾：读完了《鸭子骑车记》,谁来说说什么是"勇气"。

2. 对比阅读,寻找"异同"。

（1）激趣导入：大卫·香农真的是一个讲故事的高手,他在《鸭子骑车记》最后一页的两个巨大的"THE END"之间,画了一辆红色的拖拉机和一只托着下巴做思考状的鸭子,猜一猜他的用意？

提示：鸭子可能又会冒出一个"疯狂"的主意——他要学开车。

（2）小组阅读大卫·香农创作的《鸭子开车记》,思考动物们对鸭子开车的态度,它们又会有怎样的奇遇。

（3）找"异同"：两个故事有什么相同与不同之处呢？

提示：① 句式特点相同,都运用了"反复"的写法。② 动物态度不同,《鸭子骑车记》中动物们刚开始态度不一,到后来都很赞赏鸭子的行为,而《鸭子开车记》中动物们自始至终都很相信鸭子。

3. 埋下线索,续编故事。

(1) 小结:大卫·香农在《鸭子骑车记》的最后埋下了一个线索,运用"反复"的写法,又给我们创编了一个新故事。

(2) 教师出示《鸭子开车记》最后一页的图片,引导学生想象,创编新故事。

提示:图片中有大面积的蓝色,可以想象是"大海""天空"等。

活动二:自我实践,提升"勇气"

1. 拓展阅读其他有关"勇气"的绘本。

推荐阅读:《达芬奇想飞》《勇敢些,小企鹅》《胆小鬼威利》《勇气》等。

2. 实践挑战。

引导学生挑战生活或学习中遇到的困难,并把克服困难的过程记录下来。还可配上插图,变成绘本。

【教学建议】

1. 对比阅读,续编故事。引入《鸭子开车记》,与《鸭子骑车记》进行对比阅读,引导学生发现两者的相同点与不同点。这样的对比阅读具有探究性和发散性,学生能在自主阅读中进行知识的建构。两个故事都运用了反复的手法,易于模仿,有助于学生进行语言的迁移与创造。

2. 亲身体验,理解"勇气"。学生拓展阅读有关"勇气"的图书,能获得精神的滋养,学会勇敢地面对未知的人生,敢于去尝试、实践,把"不可能"变成"可能",变成"可以",提升阅读的意义。

(编写人:江苏省江阴市陆桥实验小学　赵贞俐

江苏省江阴市华士实验小学　刘凤华)

第5讲　奇幻想象,点亮童年

——三年级上学期《丑小鸭——我们一起读童话》"整本书阅读"学习任务群设计

一、主题与内容

(一) 文本解读

《丑小鸭——我们一起读童话》是精选安徒生、格林兄弟、新美南吉、王一梅等作家的童话作品汇编而成的童话集。来自世界各国的童话大师以丰富的想象、优美的语言讲述了一个个神奇而又浪漫的童话故事。这些故事蕴含着丰富的人生哲理,传递着让生命成长的力量。

(二) 主题确定

儿童文学作家汤锐在《童话应该这样读》一书中写道:"幻想是童话的主体、核心、灵魂和生命,没有幻想就没有童话。"童话是孩子想象力和创造力的源泉。在童话作品里,猫狗虫鱼可以说话,物件玩具可以拥有思想,草木花果可以组建家庭,作者以新奇的组合和不同于常理的逻辑,打造了一个个光怪陆离的奇景幻境,为儿童提供新奇、怪诞、有趣的场景,激发儿童美好的幻想。统编教材在三年级上册"快乐读书吧"中提出"童话类整本书阅读"的方法——"童话世界无奇不有,阅读时,只有发挥想象,才能真正领略童话的魅力""我们可以把自己想象成童话中的主人公,和故事中的人物一起欢笑,一起悲伤"。读童话故事,不仅是读他人的想象,更要联系自我,实现自我想象的突破。可见,学生要打开阅读童话的大门,必须掌握想象这把"金钥匙"。因此,《丑小鸭——我们一起读童话》的阅读主题确定:奇幻想象,点亮童年。

（三）资料链接

可以拓展阅读《安徒生童话》《格林童话》等童话故事集，进一步丰富学生的感知。

➡ 二、目标与评价

阅读目标	阅读评价
打开想象之门：学会预测情节，体会童话故事让人"意想不到"的特点。	能根据插图猜故事名，简单讲讲故事梗概。
	能抓住隐藏的线索边读边预测情节走向。
	能运用思维导图梳理情节，并依据故事情节图讲故事。
探寻想象之奇：发现奇人、奇事、奇境、奇物，感受童话之奇幻，了解故事主人公的心愿，感受童话之美好。	能通过评一评奇人奇事，发现童话故事人物、情节的奇特，了解人物特点，走进情节深处。
	能通过文配图的方式发现童话中场景、物品等的神奇之处。
	能通过对比发现"丑小鸭"与安徒生的关联，发现作者寄托的美好心愿。
展示想象之趣：学习创编、改编童话，设计童话表演场景，生动再现故事，获得审美情趣。	能抓住奇人、奇事、奇境、奇物等发挥想象，尝试创编童话故事，试着用故事表达自己的心愿。
	能通过创作绘本改编童话，体会创作的快乐。
	能通过表演展示童话世界的乐趣。

➡ 三、情境与任务

（一）阅读情境

1. 情境：

走进童话，感受童话的奇幻魅力。

2. 角色：

以阅读者的身份,走进童话故事中的场景,走进主人公的内心,遇见神奇的人、事、景、物,感受童话故事想象的魅力。

以主人公的身份,"亲历"故事中感兴趣的画面并进行创编,感受美好、创造美好。

(二) 任务框架

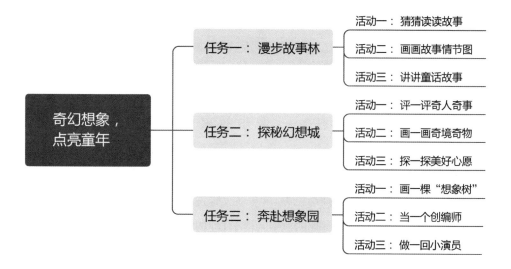

(三) 任务说明

1. **主题统领**：围绕"奇幻想象,点亮童年"的主题,先让学生通过自读,初步感受童话是奇幻的、是美好的。然后,引导他们探寻童话里的奇人奇事、奇境奇物,以及作家们美好的心愿。最后,通过创编、改编、表演等学生喜爱的方式,再现童话之奇幻,让他们获得审美体验。

2. **策略支持**：一是运用自主读、边读边预测的方法,培养学生自主阅读的良好习惯和边读边思的能力;二是通过比较读、关联读等多种阅读方式,引导学生关注本书 16 个故事之间内在的关联,发现故事之间的共同点和不同点,形成结构化的阅读图式;三是采用创编、改编、表演等形式进行创造性阅读,引导学生关注童话中人、事、景、物的特点,放飞想象,表达属于自己的童言童语。

3. 时间分配:

时间	形式	任务
1课时	自主阅读	完成任务一
2课时	自主阅读	完成任务二
2课时	自主阅读	完成任务三

四、活动与建议

任务一:漫步故事林

阅读情境:

童话是一盏神灯,充满神奇色彩,读童话就像探险一样充满着乐趣。今天我们要开一场童话故事会,读读有趣的故事,并把有趣的童话推荐给大家。

阅读过程:

活动一:猜猜读读故事

1. 读目录,看插图。

提示:书中的插图就像故事的线索。根据插图,我们能发现主人公的特点,了解主要的情节。

2. 边读边预测情节。

(1)分享交流预测方法。

借助标题预测故事内容。如《坚定的锡兵》中的"坚定"就道出了故事的主旨,如《丑小鸭》的"丑"暗示了主人公会遭受不公的对待。

联系内容预测人物命运。如根据"'啪!啪!'又是一阵响声,整群的大雁都从芦苇里飞起来……"这段话,我们能猜到丑小鸭可能会面临巨大的危险。

结合插图预测关键情节。如《拇指姑娘》一文中的那幅插图——小女孩睡在胡桃壳做成的小船里,小船停在睡莲叶上。通过观察,我们能猜到此时她遇到了危险。

（2）读读第一篇童话《丑小鸭》，边读边推测下面的情节，小组合作完成下方的故事图。

古旧房舍　沼泽地　　农舍　　　水塘　结冰的湖面　　花园
（出生）→　（　　　）→（　　　）→（　　　　）→（挨冻）→（变天鹅）

小结：边读边猜，就能越读越有意思。

3. 依据阅读要求，学生自主制订阅读时间表。

提示：试着用边读边猜的方法有计划地读完整本书。根据阅读要求，合理安排每天的阅读时间，一般在 2 周内读完。

示例：

阅读书目	《丑小鸭——我们一起读童话》		
阅读时限	月　　日——　　月　　日　（共　　天）		
阅读时间	阅读章节（页码）	满意度自评（在对应的框内打√）		
		能主动阅读，会默读，大致讲出故事内容。	能主动阅读，做到默读时不出声、不指读。	能坚持阅读，尽量做到默读时不出声、不指读。
第一天				
第二天				
……				

4. 根据阅读时间表，自主沉浸式阅读。

提示：结合文中的插图，一边阅读一边猜猜故事情节，对每个故事有比较清晰的印象。

活动二：画画故事情节图

1. 阅读《拇指姑娘》，画一画、填一填，试着补充情节图。

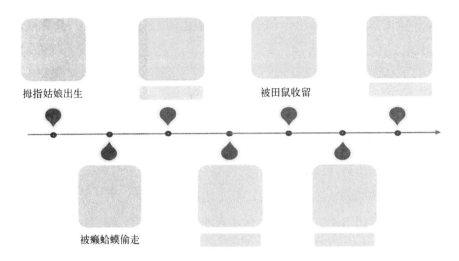

拇指姑娘出生　　　　　　　　被田鼠收留

被癞蛤蟆偷走

（1）学生交流，借助图示说一说故事内容。

（2）引导学生发现使用情节图的好处：直观呈现故事内容，便于清晰讲述故事。

2. 自主设计情节图，梳理故事情节。

学生仿照上面的例子，按照自己的创意梳理情节，画故事情节图。

提示：可以用"山形图""鱼骨图""树形图"等多种方式呈现，要求按顺序，重要情节不遗漏。

活动三：讲讲童话故事

1. 讨论确定评选"故事大王"的标准，形成评价表。

评价角度	自评	互评	班级评
声音响亮			
情节完整			
讲述生动			

2. 借助情节图，练习讲故事。

3. 开展班级故事会，评选"故事大王"。

【教学建议】

1. 读目录，看插图。引导学生根据插图，了解故事大概内容。

2. 寻找隐藏线索，学会合理预测。引导学生运用预测方法边读边发现隐藏的线索,预测接下来会发生的事情,在预测与验证中提升学生读童话的兴趣,培养学生的想象和思维能力。

3. 用画故事情节图的形式,激发学生的阅读兴趣。以《拇指姑娘》为例,教会学生画情节图的方法,再由扶到放,让他们自主设计故事情节图,学会运用多种图式创造性地梳理故事情节。

4. 师生共议"故事大王"评选标准,学生对照评价表认真练习。通过开展班级故事会、评选"故事大王"的方式,激发学生表达的热情。

任务二:探秘幻想城

阅读情境:

奇人、奇事、奇境、奇物……童话世界里充满了奇幻色彩,童话故事新奇有趣。接下来,我们就一起走进"童话幻想城",去认识这些人、事、景、物,探寻让想象变得有趣的密码,感受作家在童话中寄予的美好心愿。

阅读过程:

活动一:评一评奇人奇事

1. 评一评奇人。

(1) 在这本书里,总有一些人物给你留下了难忘的印象,你觉得他(她)哪个特点或品质让你印象最深刻?

示例:

巴尔鲍斯——爱吹牛

锡兵——坚定专一

图书馆里的狗熊——勤奋

玫瑰花姑娘——仁慈

小结:在童话的世界里,一切事物都可以成为主人公。

(2) 这些奇人离我们远吗? 作者是怎么想出来的?

小结:这些奇人离我们并不远,是作者将自己的想法投射到身边的事物身上,让事物有了生命,于是童话人物就诞生了。在童话世界里,一切事物都可以说话,都拥有思想。

2. 评一评奇事。

（1）以《小狐狸买手套》为例，说一说故事里有哪些意想不到的情节。

小结：关注小狐狸买手套的过程和结果，体会情节的奇妙。

（2）其他故事里还有哪些让你意想不到的情节呢？

示例：

《老头子做事总不会错》中老头子换的东西越来越不值钱，老太太却不怪他。

《坚定的锡兵》中锡兵居然经历了摔到窗外、遭遇倾盆大雨、在水中漂流、被大鱼吃掉、被扔进火炉这么多的挫折。

3. 说一说奇妙感受。

阅读这样的奇人奇事，带给你怎样的感受？

示例：

故事情节一波三折。主人公常常会遭遇多次阻碍，但他们不放弃，最终获得美好的结局。

小结：相信童话，相信美好，童话故事里蕴藏着一颗善良的童心。

活动二：画一画奇境奇物

1. 童话故事里有城堡、森林等奇幻的场景，也有魔杖、宝石等具有魔力的宝物。找一找，说一说，奇境、奇物妙在何处？

2. 将相关文字摘抄下来，并试着给文字配图，画一画奇境、奇物。

活动三：探一探美好心愿

1. 发现主人公的心愿。

（1）丑小鸭的心愿。找出故事中有关丑小鸭内心想法的句子，说说丑小鸭的愿望是什么，以及它的愿望有没有发生变化。

示例：

躺在芦苇里——➤喝点沼泽的水——➤在水里游泳——➤希望别的鸭子准许他跟他们生活在一起——➤飞向这些高贵的鸟儿

提示：可以发现丑小鸭的愿望在不断变大。

（2）其他故事中主人公的心愿。请你运用刚才的方法，找一找其他故事中体现主人公想法的句子，发现他们的心愿。

示例：

玫瑰公主的心愿——再也不发生欺骗和背信弃义的事情

野天鹅的心愿——救出哥哥

锡兵的心愿——追求爱情

拇指姑娘的心愿——遇见爱情,结婚生子

2. 发现作家们的心愿。

(1) 查找资料,发现安徒生和丑小鸭的关联,填写作家的心愿。

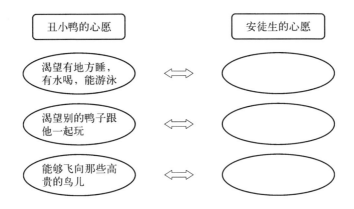

提示:从人物经历、情感等方面寻找故事主人公与作家的共同点,发现作品中作家的影子。安徒生的成功印证了他的那句话——"只要你曾经在一只天鹅蛋里待过,就算你生在养鸭场里也没有什么关系"。

(2) 做一做"作家心愿语录卡"。如《丑小鸭》一样,好的故事总是从美好的愿望出发的,这个愿望往往寄托着作者自己的心愿。请你揣摩其他故事中作家的心愿,做一张珍贵的"作家心愿语录卡"。

示例:

提示：主人公的幸福常常就是作家的心愿，建议将每一篇童话中作家的心愿记录下来，然后关联起来看，一定会有新发现。

【教学建议】

1. 通过评一评奇人、奇事、奇境、奇物，引导学生走进人物，走进情节深处，探寻故事的有趣新奇，体会童话的美好价值。

2. 发现童话故事里的美好愿望。以《丑小鸭》为例，引导学生发现作家与主人公之间的关联，体会每一个故事背后的启迪意义，进一步感受故事是作家美好心愿的一种寄托，体会藏在童话故事中的真善美。

任务三：奔赴想象园

阅读情境：

我们可以化身为创编师、小演员，奔赴"童话想象园"，在各种形式的创造性阅读中，进一步享受童话王国的美好与快乐！

阅读过程：

活动一：画一棵"想象树"

1. 把心愿藏进故事里。作家把心愿藏进童话里，那么你有哪些心愿呢？你想把它藏进怎样的故事里呢？想一想，故事中会有怎样的奇人、奇事、奇境、奇物？小组合作，播下美好的愿望种子，画一棵神奇的"想象树"。

提示：有了美好的心愿，故事就能一步步向前发展，就能让阅读的人感受到

故事中蕴藏的那份美好;有了具体的人、事、景、物,故事就会生动、吸引人。

2. 把故事讲给别人听。围绕"想象树",创编一个有意思的童话故事。可以把你的故事讲给老师、家人、伙伴听,并请听故事的人点评。

提示:在讲故事的过程中可以尝试用第一人称,这样的讲述会让人感觉更真切。

活动二:当一个创编师

1. 如果把《坚定的锡兵》改编成一本绘本,你会怎样画? 添上什么文字?

2. 你也可以选择其他故事来画一画,写一写。

3. 将作品张贴在教室里,交换阅读分享。

活动三:做一回小演员

1. 观看《小红帽》话剧片段。

(1)比对话剧和童话,说说自己的发现。

(2)讨论:怎么表演《小红帽》这个故事?

提示:角色如何分配,需要哪些服装和道具,说什么台词,表演时可以加入哪些神态、动作。

2. 排演童话剧。

提示:必要时寻求父母、老师等大人的帮助,请他们在服装、道具或者场地上给予支持。

3. 开展"童话小剧场"表演活动,评选"最佳小演员"。

"最佳小演员"评选标准

评选标准	自评	互评
服装、道具符合人物形象		
表情、动作、语言符合人物形象		
和其他角色配合默契		

【教学建议】

1. 做故事讲述人。引导学生巧用"想象树",将童话的几个要素汇集在一起,勾勒故事雏形,抓住奇人、奇事、奇境、奇物等发挥想象,创编生动有趣的故事,传递美好。

2. 做创意小编剧。指导学生在原故事情节基础上将童话改编成简单的绘本,在创造性改编中充分感受想象的乐趣和魅力。

3. 做实力小演员。充分放手,让学生自编自导自演,以演促学,提升学生读童话的热情,提升学生的综合素养。

（编写人：江苏省江阴市实验小学　龚文娟　孟　丽）

第6讲　照亮现实,遇见美好

——三年级上学期《稻草人》"整本书阅读"学习任务群设计

➡️ 一、主题与内容

(一) 文本解读

《稻草人》童话作品集精选了叶圣陶在二十世纪二十年代创作的优秀短篇童话。从内容上看,叶圣陶前期创作的童话,如《小白船》《芳儿的梦》《燕子》等主要是以儿童的"梦"、大自然的"美"、人间的"爱"等为描写对象,表达真善美的主题。后面创作的童话,则着力描写现实生活中人们的不幸与苦难。作者通过一个个带有现实主义色彩的童话向儿童展示了当时黑暗的社会现实以及黑暗中依然不灭的光亮,引导儿童在故事里追寻美好。

(二) 主题确定

叶圣陶说过:"儿童并不是天真无知、始终不变的群体,而是生长、变化、发展着的社会未来的主人,他们需要了解和懂得真实的社会与人生。"而《稻草人》这本童话集就是一座连接儿童与现实生活的桥梁,旨在引导学生去追寻童话里照亮现实的真善美之光。因此,我们将这本书的阅读主题确定为:照亮现实,遇见美好。

(三) 资源链接

童话里描绘的世界距离学生较远,可以通过网络、电视等资源,帮助学生了解当时的社会现实。

阅读目标	阅读评价
坚持自主阅读：有计划地读完整本书,和同学结成阅读小组,乐于分享交流,养成良好的阅读习惯。	能根据自己的实际情况,合理制订阅读计划。
	在阅读过程中,能保持阅读兴趣,按照计划每天坚持阅读,并完成阅读打卡。
	在阅读的过程中乐于分享交流,感受阅读的美好。
读懂童话故事：读懂童话,理解童话的主题和内涵,获得阅读收获。	能读懂现实主义色彩的童话,获得启示。
	能在童话的现实世界里,感受人性的美好和温暖。
讲演童话故事：运用多种阅读策略,了解鲜明的童话形象,感受曲折的情节变化,讲述或表演印象深刻的童话故事。	能通过"制作人物卡""绘制情节图",感受故事情节的一波三折,感受鲜明的童话人物形象。
	能用自己喜欢的方式讲述或表演自己印象深刻的故事。
感受奇妙想象：感受作者奇妙的想象和诗意的表达。展开想象,进行童话片段的创编。	能感受作者神奇的想象,用朗读的方式表现童话语言的特色。
	能展开想象,进行童话片段的创编。(选做)

三、情境与任务

(一)阅读情境

1. 情境:

追寻照亮现实的"美好之光"。

2. 角色:

以"追光者"的身份,经历一系列有趣的阅读活动,读懂童话故事里的现实,收获童话里的真善美,享受阅读的乐趣。

(二) 任务框架

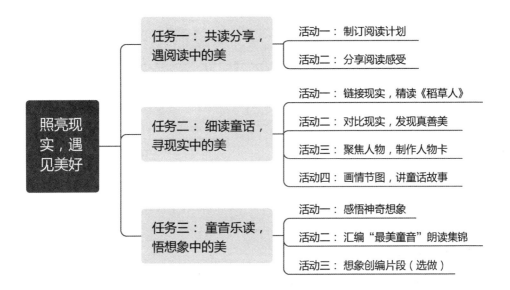

(三) 任务说明

1. 主题统领:围绕"照亮现实,遇见美好"的主题,学生由浅入深地阅读,读懂叶圣陶童话里的"现实的不幸、善良的人性、美好的启示",感受他的童话能照亮现实,给予人们温暖和力量。

2. 策略支持:组建"阅读小组",引导学生运用阅读计划表、阅读分享卡、"阅读漂流瓶"等工具养成良好的阅读习惯;精读单篇童话《稻草人》,通过资料链接,运用"制作发现卡"等阅读策略,引导学生了解当时的社会现实,读懂童话中的现实主义色彩,发现童话里照亮现实的美好力量;通过绘制图表,引导学生梳理故事情节,感知童话形象,并运用三年级习得的想象策略,走进人物内心,生动讲述童话;通过"想象排行榜"等阅读工具,让学生感受童话神奇的想象,积累生动的语言,可以引导有能力的学生发挥想象创编童话。

3. 时间分配：

时间	形式	任务
2课时	自主阅读	完成任务一
2课时	交流分享	完成任务二
1—2课时	感悟想象	完成任务三

四、活动与建议

任务一：共读分享，遇阅读中的美

阅读情境：

《稻草人》这本书里有着一束束照亮现实的美好之光。让我们做一个"小小追光者"，去寻找童话故事里的真善美之光吧！现在，就让我们走进追光第一站——制订阅读计划，组建"追光小组"，完成阅读打卡。朝着梦想，一起出发吧！

阅读过程：

活动一：制订阅读计划

制订整本书的阅读计划表，邀请3—4名小伙伴加入，组成阅读小组，互相监督，共同阅读。

提示：学生制订阅读计划表，根据阅读要求，合理安排每天的阅读时间。读完后，用几个词简要概括阅读感想，并将阅读评价落实到每一天，让阅读小组成员成为自己阅读过程中的"共读伙伴"和"督促伙伴"。

示例：　　　　　　　　　　　**《稻草人》阅读计划表**

日期	篇名	阅读时间	阅后感想（简要概括）	完成情况	
				自我评价☆☆☆☆☆	伙伴评价☆☆☆☆☆

活动二：分享阅读感受

1. 完成阅读打卡。

在每天的阅读过程中,及时和阅读小组内的伙伴交流阅读感受。同时,也可以设计阅读分享卡,边阅读边记录,把自己真实的阅读感受记录下来。

示例：

我是阅读小达人

篇名：＿＿＿＿＿　　　阅读心情：😄 或 😟

（1）读了这个童话,你得到了什么启示？快把你的想法写下来!

（2）在这个童话里,你发现了哪些具有新鲜感的语句,快把它摘录下来!

本次阅读完成得怎么样？快来评一评！

最高等级：☆☆☆☆☆　　　　我的评价：＿＿＿＿＿＿＿＿

　　　　　　　　　　　　　阅读小伙伴的评价：＿＿＿＿＿

2. 制作"阅读漂流瓶"。

学生用自己喜欢的方式，把阅读童话时的感受制作成"阅读漂流瓶"，用"漂流"的形式和全班同学一起分享。

【教学建议】

1. 组建阅读小组，有计划地阅读。《稻草人》整本书中的每个故事类别不一，长短不一，学生自己阅读有一定难度，可以先让孩子们读读目录，给故事分分类，进行归类阅读。另外，书中部分故事距离学生生活较远，篇幅较长，学生容易出现不能坚持阅读的情况。教师要指导学生根据自己的阅读能力，合理制订阅读计划表，同时组成阅读小组，互相监督，共同阅读。

2. 注重培养学生良好的阅读习惯。在自主阅读的阶段，教师要尊重学生个性化的阅读感受，鼓励学生在阅读中选择自己印象深刻的故事完成阅读打卡，养成"不动笔墨不读书"的良好阅读习惯。阅读完整本书后，教师可以组织学生评选班级"阅读之星"。

3. 引导学生养成主动分享交流的习惯。"主动分享阅读感受"要贯穿学生的整个阅读过程。在自主阅读的过程中，引导学生每天把自己的感受通过"打卡评价"等方式在阅读小组内进行交流。在自主阅读的后期，引导学生通过制作"阅读漂流瓶"，用自己喜欢的方式进行阅读分享，培养学生在阅读中主动分享交流的习惯。

任务二：细读童话，寻现实中的美

阅读情境：

这本书中带有现实主义色彩的童话读起来有一定难度。别着急，让我们走进当时的社会，发现童话里的真善美吧！

阅读过程：

活动一：链接现实，精读《稻草人》

1. 发现童话里的不幸。

细读《稻草人》这篇童话，说说稻草人在夜间看到的三件事。

提示：引导学生提取关键信息，用自己的话说说稻草人在夜间看到的事。

2. 读懂童话里的现实。

借助资料链接，引导学生了解当时的社会现实，读懂作家的创作意图。

3. 寻找童话中的美好。

走进稻草人的内心，画一画稻草人摇扇子时的"心情变化图"，联系当时的社会现实，说说读到了一个怎样的稻草人。

提示：运用想象策略，把自己当作故事的主人公。走进稻草人的内心，通过画心路图的方式，感受稻草人心情的变化，从而感受稻草人在不幸的现实世界里依然心存善良、富有责任心、富有同情心的美好形象。

示例：　　　　　　　　　　**稻草人心情变化图**

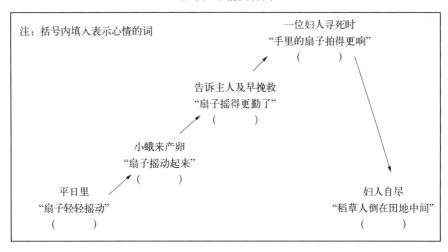

活动二：对比现实，发现真善美

在穷困无助的社会现实中，稻草人的善良和美好就像一道光，照亮着黑暗，给人带来温暖和力量。像这样的故事在《稻草人》一书中还有很多，再去读读这些故事，把自己的发现写在"发现卡"上。

提示：指导学生精读整本书，在书中寻找像稻草人一样熠熠生辉的美好。

示例：

发现卡		
故事名称	不幸的现实世界	照亮现实的美好
《画眉》	可怜的车夫在街头拉车，嗓子沙哑的卖艺女孩遭人辱骂	画眉心地善良，愿意为穷人歌唱
……	……	……

活动三：聚焦人物，制作人物卡

在叶圣陶的童话里，有许多闪闪发光的人物形象，他们真诚勇敢、善良坚强，他们用自己的微光照亮着黑暗的现实。每一位同学的心中一定都有自己喜欢的人物形象。制作一张个性化的人物卡，展示自己心中"最喜爱的他"。

提示：为了让人物卡的形式更丰富，可以画一画人物速写、写一写人物的性格和心愿。

示例：

跛乞丐		
"我"的样子：	"我"的性格：	"我"的心愿：

活动四：画情节图，讲童话故事

1. 绘制情节图。

绘制《一粒种子》《祥哥的胡琴》的情节图，学习绘制情节图的方法，并为自己喜欢的童话故事绘制情节图,在班级"秀图圈"里和大家分享。

示例1:《一粒种子》

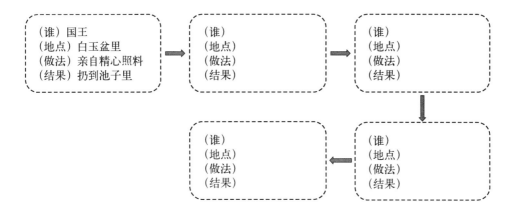

示例2:《祥哥的胡琴》

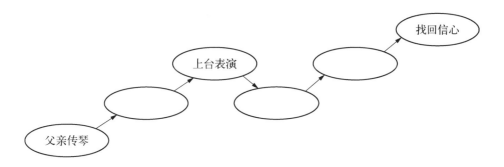

提示:引导学生根据童话的情节特点绘制形式多样的情节图,感受故事情节的一波三折。与他人交流后,对自己的情节图进行修改、完善。

2. 举办"最喜爱童话人物"故事会。

选择书中自己最喜爱的童话人物形象,在故事会上讲讲他的故事,参加班级"故事大王"的评选。

提示:引导学生化身故事中的主人公,根据"人物卡""情节图"的提示进行故事讲演。鼓励学生人人当选手,个个当评委,在互评互学中提高讲故事的能力。

"故事大王"评选标准	
具体表现	评分 ☆☆☆☆☆
把自己当作故事的主人公,声音响亮,落落大方。	
故事情节完整,人物形象鲜明,语言绘声绘色。	
能加上适当的动作、神态,表现活灵活现,让观众产生共鸣。	

【教学建议】

1. 链接现实,读懂童话。本书中"现实主义"童话占比较多,且年代距离学生较远,阅读难度较大。在教学时,建议从单篇入手,同时借助影视资料,帮助学生走进当时的社会,感受人们的不幸与苦难,并体会在黑暗里仍有一束光在闪闪发亮,给人温暖和力量。教师可以从"稻草人"入手,引导学生感受童话的美好和温暖。

2. 尊重个性,大胆表达。指导学生制作人物卡时,要尊重他们的个性化理解,引导学生打开思路,运用已经学到的阅读方法,如人物信息介绍、漫画人物等,设计人物卡。

3. 先扶后放,循序渐进。在指导绘制情节图时,教师可先出示范例,指导学生感受故事情节的特点,再让学生自行挑选故事进行绘制。绘制时可以对情节图进行色彩和布局上的设计。在分享和交流中,让学生明白:一波三折的情节可以让故事更生动,更吸引人。

任务三：童音乐读,悟想象中的美

阅读情境：

经历了有趣的追光之旅,你一定读懂了这本童话集。不过,这本书中还有更多的美好,让我们一起感受叶圣陶爷爷神奇的想象,发现他语言的诗意之美吧!

阅读过程：

活动一：感悟神奇想象

在叶圣陶爷爷的童话世界里,花儿会跳舞,星星会唱歌……叶圣陶爷爷用诗一般的语言,给我们描绘了一个神奇的想象世界。

　　1. 找一找:书里的哪些描写让你觉得很神奇?

　　2. 想一想:作者是怎么把它们写神奇的?

　　提示:(1) 想象时,将自己的想法投射到故事里的动物、植物身上,化身万物。

(2) 运用拟人、比喻、排比、夸张等修辞手法。(3) 用诗一般优美的语言来描绘。

　　活动二:汇编"最美童音"朗读集锦

　　选择书中你最喜欢的一段文字,通过朗读表现出它的神奇与美妙。每一位学生都录制朗读音频,然后全班汇编成"最美童音"朗读集锦,通过网络进行发布,让更多的读者感受叶圣陶的想象之美。

　　提示:朗读时,要求入情入境,用声音演绎想象,可以搭配适当的音乐,从而更好地渲染意境。

　　活动三:想象创编片段(选做)

　　发挥想象,创编一个片段。有兴趣的同学,可以把自己最喜欢的那段文字作为童话的开头、结尾等,创编一个新的童话故事。

　　提示:大胆想象,化身故事里的人物,同时运用拟人、排比、比喻、夸张等修辞手法,把想象写具体,让语言有诗意。

　　【教学建议】

　　1. 引导学生感受童话神奇的想象,思考作者的写作手法。

　　2. 鼓励学有余力的学生,根据喜爱的片段创编一个新的童话,但指导要适当,对故事的内容不宜作过多指导。

　　　　　　　　　　　　　(编写人:江苏省江阴市利港实验小学　江　慧)

第7讲　与鲍雷伊结伴成长

——三年级下学期《亲爱的汉修先生》"整本书阅读"
学习任务群设计

➡ 一、主题与内容

（一）文本解读

贝芙莉·克莱瑞的《亲爱的汉修先生》一书曾荣获"纽伯瑞儿童文学奖金奖"，被誉为"值得珍藏一辈子的书"，也被人赞为"胜过所有的作文书"。这本书讲了一个来自单亲家庭的孩子自我成长的故事。主人公鲍雷伊在与作家汉修先生书信联系的过程中逐渐成长起来，学会了如何面对生活的波折，同时还练就了一手好文笔。全书以书信与日记交错编排的方式，将所有的人、事、物贯穿其间。我们能从一封封书信与一篇篇日记中了解到鲍雷伊遇到的烦恼，感受他成长过程中的酸甜苦辣。

（二）主题确定

鲍雷伊是一个孤独、内向的孩子，在成长的过程中，他有许多烦恼。通过与汉修先生的书信往来，他克服了"社交苦恼、父母离异、写作困扰"三大难题，成为一个善解人意、善于沟通、乐于表达、懂得爱和包容的男孩。

与鲍雷伊结伴同行，也能与他一起收获成长。因此，《亲爱的汉修先生》的阅读主题确定为：与鲍雷伊结伴成长。

（三）资源链接

阅读《再见了，汉修先生》和《我要做好孩子》。

阅读目标	阅读评价
了解成长故事：初步了解鲍雷伊的人物特点和成长故事。	初读故事,发现文本叙述特点。
	能初步了解鲍雷伊的成长故事,绘制他的成长手册。
找找解忧密码：寻找鲍雷伊解决烦恼的方法,体会成长中的痛与爱。	借助阅读单和思维导图,梳理鲍雷伊成长中的烦恼与快乐。
	通过三个主题研究性阅读,总结鲍雷伊解决烦恼的办法。
	结合自己生活中的烦恼,思考消除烦恼的方法。
探究写作秘诀：探究鲍雷伊的写作秘诀并学习运用。	感受鲍雷伊的进步,知道好文章的标准。
	探讨鲍雷伊成为小作家和写好文章的秘诀,制作《小作家写作宝典》。
	尝试用鲍雷伊的写作秘诀,用书信或日记的形式记录自己的生活。

■▶ 三、情境与任务

(一) 阅读情境

1. 情境:

跟着鲍雷伊一起成长。

2. 角色:

与鲍雷伊同行的小伙伴:了解鲍雷伊的学习和生活情况,体悟他的成长;联系自己的生活,共同收获成长。

(二) 任务框架

(三) 任务说明

1. 主题统领:围绕"成长"的主题,学生需要经历三个进阶式任务。任务一旨在引导学生发现本书叙述形式的特别和语言的幽默风趣,初步了解鲍雷伊的故事,绘制他的成长手册。任务二需要学生梳理出鲍雷伊遇到的烦恼,以及消除烦恼的方法,学会感受生活中的爱。任务三旨在让学生尝试用学到的写作秘诀,用书信或日记的形式记录自己的生活,收获成长。

2. 策略支持:一是运用图表梳理、提炼重要信息等阅读策略,感知人物形象;二是运用联结、比较、思辨等阅读策略,梳理故事信息,关联自己的生活经历,形成新的认知和获取新的情感体验;三是物化阅读成果,指导学生总结思想方法,形成实用性的"宝典",学以致用。

3. 时间分配:

时间	形式	任务
5 天(课外)	自主阅读	完成任务一
1 课时	阅读交流	
1 课时	主题阅读	完成任务二
1 天(课外)	专题阅读	自主阅读,研究写作秘诀

时间	形式	任务
2课时	赏析交流	完成任务三
日常（课外）	自我实践	用书信或日记的形式记录自己的生活

➡ 四、活动与建议

任务一：聊聊初始印象

阅读情境：

有一本书，它像一面镜子，你能从中看见自己的样子，解决困扰你的烦恼，找到快乐的源泉；它也像一把钥匙，能打开写作的大门，解决你的写作难题。和主人公鲍雷伊结伴同行，与他一起成长吧！

阅读过程：

活动一：读读目录，聊聊发现

1. 导读。

（1）聊聊初始印象。

① 看书名和插图。猜猜这本书写了什么，主人公是谁？

② 看封面封底。封面上有获奖信息——"纽伯瑞儿童文学奖金奖"，封底有评语——"一本《亲爱的汉修先生》胜过所有的作文书"。

（2）发现特别之处。

① 看目录，发现其独特的叙述方式。

提示：观察目录可以发现，本书由"信和日记"两部分组成，这两部分之间有何关联？

② 读日记，揭秘"真假先生"。

第二、第四两章,鲍雷伊日记里的称呼藏着玄机!有一部分称呼竟然是"亲爱的'假'汉修先生",这是怎么回事?读读鲍雷伊的日记,揭秘"真假先生"。

提示:鲍雷伊不知道该怎么写日记,汉修先生告诉他一个好办法——写日记的时候可以假装自己是在给某个人写信。

③ 读书信的署名,从落款感受鲍雷伊的成长变化。

读读书中所有书信落款的署名,你发现了什么?

提示:不同的署名代表鲍雷伊不同的心情,也暗示他对汉修先生不同的态度。

2. 自主阅读之旅。

鲍雷伊究竟是个怎样的孩子?他的生活圈有哪些人,他们对鲍雷伊成长有什么帮助?书中写了他成长中的哪些事?仔细读读他的信或日记,去了解他的成长故事吧!

活动二:聊聊亲友,填填手册

1. 认识鲍雷伊,制作《鲍雷伊成长手册——人物名片》。

鲍雷伊长什么样?个子不高,没有特殊才艺,也不喜欢写作……用他妈妈的话来说,就是一位天生的"独行侠"。阅读鲍雷伊给汉修先生的信,给鲍雷伊制作一张"人物名片"。

```
┌─────────────────────────────────────┐
│            人 物 名 片               │
│  ┌────────┐  姓名:_____        │
│  │        │  性别:_____        │
│  │ 画像:  │  性格:_____        │
│  │        │        _____        │
│  └────────┘  宠物:_____        │
│  居住环境:_____          │
│  爱读的书:_____          │
│  愿望:_____          │
│       _____          │
└─────────────────────────────────────┘
```

《鲍雷伊成长手册——人物名片》

2. 了解人物关系,绘制《鲍雷伊成长手册——朋友圈》。

鲍雷伊的生活圈并不复杂,梳理出与鲍雷伊成长相关的人物,了解他们的身份、工作和性格特点,以及他们对鲍雷伊的成长有哪些帮助。让我们一起梳理鲍雷伊的"朋友圈"。

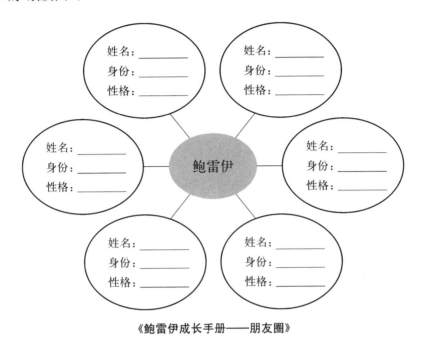

《鲍雷伊成长手册——朋友圈》

3. 梳理影响鲍雷伊成长的相关事件,绘制《鲍雷伊成长手册——成长阶梯》。

鲍雷伊的成长过程,梳理出来就像是一级一级向上的阶梯,试着完成鲍雷伊的"成长阶梯"。

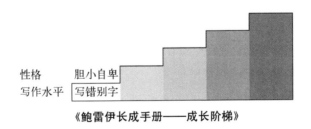

《鲍雷伊长成手册——成长阶梯》

【教学建议】

1. 观察封面、读目录等可以帮助学生发现故事的叙述特点,激发学生自主阅读的热情。

2. 引导学生绘制鲍雷伊的成长手册,帮助他们在阅读中提取主人公的关键信息,建立初步印象。

任务二：找找解忧密码

阅读情境：

快乐与烦恼,都是成长的催化剂。鲍雷伊用书信的形式对汉修先生倾诉着烦恼:美味午餐总被偷,妈妈没时间陪伴,转校后没朋友,作文不会写……可是后来,烦恼渐渐没有了。到底是怎么回事? 他有什么秘诀? 让我们再次走进书中深入探究。

阅读过程：

活动一：烦恼大盘点

1. 吐槽烦恼。

(1) 在不断长大的过程中,你觉得烦恼越来越多了,还是越来越少了? 对于鲍雷伊而言,烦恼变得更多了。在写给汉修先生的信里,就隐藏着鲍雷伊的许多小烦恼,边读边帮他梳理出来,完成思维导图,可以自己添加分支。

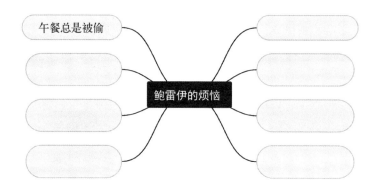

(2) 烦恼级别排序。

烦恼也是分级别的,请根据对鲍雷伊的影响将烦恼进行分级排序,和同学交流一下。

2. 晒晒幸福。

鲍雷伊的成长离不开爱的滋养,他得到了哪些方面的爱?

(1) 父母的爱。

① 妈妈一直陪伴鲍雷伊成长,尽管她很忙,但她对鲍雷伊的要求很严格。

你能发现他妈妈的爱吗？和同学交流。

② 你觉得爸爸爱鲍雷伊吗？找找依据。

提示：爸爸虽不在鲍雷伊身边，但经常打电话关心他，一直牵挂着他。

（2）其他人的爱。

除了爸爸和妈妈，其他人对鲍雷伊的成长也有很大的帮助，如汉修先生、校工法兰德林……用心阅读，你会知道什么是爱。

活动二：烦恼消消乐

1. 化解小烦恼。

有些烦恼像一片乌云，会随风散去；有些烦恼像石头，压在心底沉甸甸的，需要疏通消除。鲍雷伊的这么多烦恼，是怎么解决的呢？完成下面三个主题阅读，你会跟他一样豁然开朗。

（1）午餐窃贼抓捕记。

鲍雷伊的一个很大的烦恼是有人偷他的午餐！究竟是谁偷的，偷了些什么？鲍雷伊又想了哪些办法来抓这个午餐窃贼？最后有没有抓住？和鲍雷伊一起来玩"午餐窃贼追捕记"。

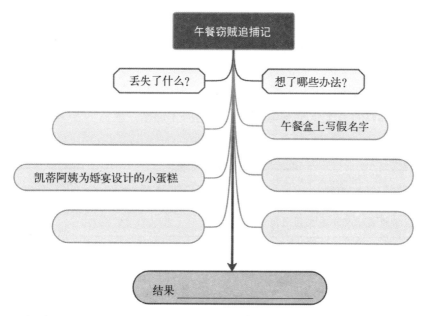

思考辩论：为什么花很长时间做出来防盗警报器，鲍雷伊最后又决定不用

了？你是如何理解他对小偷的态度的，你认为他做得对吗？

（2）爸爸的司机生活。

① 卡车司机的生活是怎样的？从"日常生活""享受的事""糟糕的事"三个方面进行梳理。

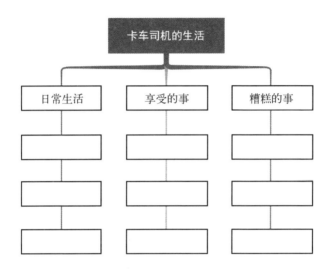

② 作为司机的爸爸因为忙于奔波，经常忘给鲍雷伊打电话。鲍雷伊的这一烦恼是如何解除的？

提示：妈妈看到鲍雷伊如此伤心，便跟他讲述了她与爸爸曾经的生活点滴。鲍雷伊对爸爸有了更多的了解，困扰他的烦恼便也消散了。

（3）与妈妈的对话。

正是妈妈的多次开导，使鲍雷伊渐渐解开了心结。填写下表，找出妈妈教育引导鲍雷伊的句子。

事件	鲍雷伊的苦恼	妈妈的话
鲍雷伊不想回答汉修先生的问题		
电视机坏了，鲍雷伊总想看电视		
鲍雷伊不懂妈妈为何离开爸爸		

提示：鲍雷伊的妈妈是个心思细腻的人。品读她的话，一定会让你获得更

多的成长。

2. 总结解决烦恼的方法。

（1）"写作难"的烦恼，在鲍雷伊不断坚持写日记、写信的过程中解决了。后来鲍雷伊获奖，进一步验证了"越努力，越幸运"的说法。请你总结什么是解决烦恼的好办法？

（2）此外，还有什么重要方法？与同学一起讨论。

提示：① 学会感受爱。理解他人、设法为他人考虑是感受爱的前提。② 学会包容。当鲍雷伊想了各种办法可以抓到午餐窃贼时，他却选择了原谅。宽容，让他没有了烦恼。

3. 烦恼消消乐。

请结合自己生活中的烦恼，学习鲍雷伊解决烦恼的方法。

（1）阅读他人的故事，关联自己的生活：你的生活里有哪些烦恼？讲讲你的烦恼，试着消除你的烦恼，你一定可以变得更快乐、更自信。

提示：参照"鲍雷伊的烦恼思维导图"，梳理自己成长路上的烦恼，并尝试解决烦恼。

（2）发现身边的爱。选择一个你认为重要的人，说说他对你成长的影响。

提示：他如何帮助你解决烦恼？

【教学建议】

1. 引导学生正确认识成长中的烦恼。通过梳理鲍雷伊的烦恼和解决烦恼的方法，收获成长，体会烦恼对成长的帮助。

2. 引导学生发现身边的爱。正是由于别人给予的爱，鲍雷伊解决了一个又一个烦恼。联系自己生活中的烦恼，学会感受爱、发现爱、懂得爱。

3. 用三个主题研究性阅读，总结解决烦恼的办法。解决烦恼不仅需要自己想明白，也需要师长的开导。

任务三：探究写作秘诀

阅读情境：

这本书为什么被誉为"胜过所有的作文书"？举行一场《小作家写作宝典》交

流会,一起探究写作秘诀,一起获取写作秘钥。

阅读过程:

活动一:好文章品鉴会

1. 鲍雷伊的《卡车上的一天》获奖了,如愿获得了和作家安其拉·贝乔女士共进午餐的机会。先读读鲍雷伊获奖的文章,摘录你认为精彩的语句,说说理由。

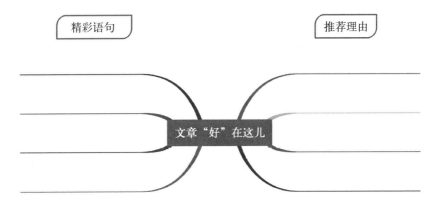

2. 阅读作家贝乔女士的点评。思考讨论:什么才是好文章?

小结:好文章一定要表达内心真实的想法,鲍雷伊擅长用幽默的语言写出自己的内心,找出这类句子读一读。

活动二:写作宝典交流会

1. 为什么说这本书"胜过所有的作文书",总结你从书中发现的写作秘诀,编写《小作家写作宝典》,与大家交流。

提示:从观察方法、阅读方法、写作技巧等方面去探究。

2. 小试牛刀。给鲍雷伊或你的好友写一封信,聊聊你的快乐与烦恼。

【教学建议】

1. 开展"好文章品鉴会",从获奖作文以及作家的点评入手,给正起步学写作的小读者进行语言表达的熏陶:关注作者幽默风趣的语言风格,写真事,抒发真情实感。

2. 举行写作宝典交流会,引导学生总结鲍雷伊写作的方法——学会观察、反复阅读、坚持写作等,与鲍雷伊共同成长。

(编写人:江苏省江阴市毗陵路小学　陆海芳)

第8讲　小寓言,大智慧

——三年级下学期《故事里的智慧——读读中国古代寓言》
"整本书阅读"学习任务群设计

→ 一、主题与内容

(一) 文本解读

《故事里的智慧——读读中国古代寓言》是根据统编语文教材三年级下册"快乐读书吧"的要求选用的书。书中收录了古今中外46则寓言,除了大量的中国古代寓言,还收录了《伊索寓言》《克雷洛夫寓言》《拉·封丹寓言》中的寓言。本书在每个板块之后还设计了一些学习活动,用以指导和帮助学生自主阅读寓言、领悟寓意、增长智慧。

(二) 主题确定

儿童文学家严文井说:"寓言是一个魔袋,袋子很小,却能从里面取出很多东西来,甚至能取出比袋子大得多的东西。寓言是一个怪物,当它朝你走过来的时候,分明是一个故事,生动活泼;而当它转身要走开的时候,却突然变成了一个哲理,严肃认真。"读寓言,不能只停留在故事层面,还要走到故事的背面,想想故事带来的启发,这样才能读懂寓言,获得智慧。寓言善于用小故事讲述大道理,所以读寓言的同时也要学会讲故事,在生动活泼的讲述中领悟道理。因此,这本书的阅读主题确定为:小寓言,大智慧。

(二) 资源链接

可补充阅读《伊索寓言》《克雷洛夫寓言》等。

阅读目标	阅读评价
读寓言：读懂故事内容,比较古今中外寓言的不同。	能把每个寓言故事读通顺。
	能读懂故事内容,说说故事的起因、经过、结果。
	能文白对照,比较中外寓言的不同。
讲故事：借助图式,用多种形式讲寓言故事。	能借助情节图梳理故事的主要情节。
	能展开想象,丰富寓言内容。
	能流畅、富有情感地讲述寓言故事。
辨道理：通过思辨,理解寓言讲述的道理。	能抓住人物的反常处、可笑处,发现寓言要讲述的道理。
	能联系实际,举一反三。
	能用准确的语言,说清楚寓言讲述的道理。
长智慧：续编或创编寓言故事,在读写迁移中进一步理解道理。	续编寓言,劝告故事中人。
	创编寓言,劝告现实中人。

三、情境与任务

(一)阅读情境

1. 情境:

寓言故事会。

2. 角色:

以讲述者的身份,阅读寓言故事,感受寓言的表达方式,初步理解寓意,生动地讲述寓言。

以创作者的身份,续编、创编寓言,把道理隐藏在简短的故事中,用以劝诫自己和他人。

(二)任务框架

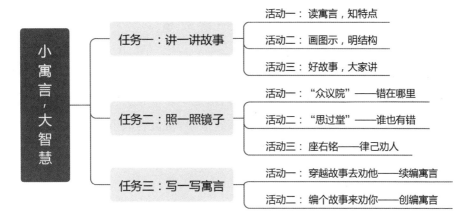

(三)任务说明

1. 主题统领:围绕"小寓言,大智慧"的主题,通过讲故事、明道理、写寓言三大任务,让学生不但能读懂寓言、会讲寓言,还能理解寓言独特的教育功能,帮助自己和他人掌握道理、增长智慧。

2. 策略支持:一是运用精读、梳理、比较等阅读方法,把文言寓言读通顺,把握寓言故事的内容,在比较中发现古今中外寓言故事的异同。二是引导学生借助思维导图、动画等讲述故事,把握寓言故事的一般结构。三是通过辨析、审视、批判深入理解寓言想要传达的道理,用以劝诫自己和他人。

3. 时间分配:

时间	形式	任务
1周(课外)	沉浸式 自主阅读	制订阅读计划,能把每则寓言读通顺,能读懂文言寓言。
2课时	交流式 分享阅读	完成任务一
1课时		完成任务二
1课时		完成任务三

任务一：讲一讲故事

阅读情境：

《故事里的智慧——读读中国古代寓言》是本非常有意思的书,书中藏着有趣的故事,故事里有着深刻的道理。读寓言故事,讲寓言故事,会让你在轻松快乐的阅读体验中增长智慧。

阅读过程：

活动一：读寓言,知特点

1. "读书摘星"：自主阅读。

提示：根据阅读要求,合理安排每天的阅读时间。

示例：

读寓言,摘星星

规则：在图片上画上 46 颗星星,每读完一则寓言,就涂上颜色,直至读完。

2. "明察秋毫"：说说内容相同的文言寓言和现代寓言的不同,填一填。

《　　　　　　　　　》			
找一找不同			

3. 众说纷纭：比较中外寓言的不同。

比较维度	中国寓言	伊索寓言	克雷洛夫寓言	拉·封丹寓言
国家				
标题特点				
故事主角				
故事情节				
道理呈现方式				

提示：引导学生发现中外寓言各自的特点，中国寓言的标题多是四字词语，外国寓言多用"___和___"的结构；中国寓言的主人公基本是人，而外国寓言的主人公很多是小动物；中国寓言的道理一般不直接点明，部分外国寓言会明确说出道理。

活动二：画图示，明结构

1. 读一读自己最喜欢的寓言故事，画一画情节图。

提示：根据故事内容选用合适的情节图。

示例1：《揠苗助长》

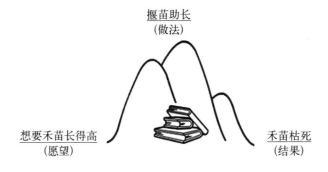

揠苗助长
（做法）

想要禾苗长得高
（愿望）

禾苗枯死
（结果）

示例 2：《大鼠》

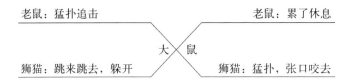

老鼠：猛扑追击　　　　　　　　　　老鼠：累了休息

大　鼠

狮猫：跳来跳去，躲开　　　　　　　狮猫：猛扑，张口咬去

2. 借助情节图，讲一讲故事。

提示：先小组交流自己绘制的情节图，然后借助情节图讲述故事。

活动三：好故事，大家讲

1. 给动画配音。

提示：教师播放《揠苗助长》《画蛇添足》等寓言故事的动画，组织学生先看动画，然后写一写配音剧本，为动画配音。配音剧本要根据动画进行设计，补写人物的言行和心理活动，突出情节的冲突。

示例：

《揠苗助长》配音剧本

旁白：宋国有个农夫，他希望自己田里的禾苗长得高一点。可是很多天过去了，禾苗好像一点儿都没有长高。

农夫：_____。

旁白：农夫急忙跑到田里，将禾苗一棵棵往上拔，从早上一直忙到太阳落山，累得筋疲力尽。

农夫：_____

农夫的儿子：_____

旁白：农夫的儿子跑到田边一看，发现禾苗全都枯死了。

---

2. 办一场寓言故事大赛。

（1）商定评价标准，人人是评委。

提示：要针对寓言的特点，注重塑造人物形象。讲故事形式可以多样，可以配合课件，可以配合动画，也可以双人讲述，或者进行话剧表演。

示例:

评价标准	
声音响亮:☆☆☆☆☆	人物语气绘声绘色:☆☆☆☆☆
熟练流利:☆☆☆☆☆	形象模仿惟妙惟肖:☆☆☆☆☆
神态自然:☆☆☆☆☆	观众感受入情入境:☆☆☆☆☆

(2)组织寓言故事大赛,个个是选手。

提示:先小组进行预赛,再推荐1—2人参加班级总决赛,评选"寓言故事大王"。

(3)经验分享会,好故事同分享。

提示:"寓言故事大王"分享自己读寓言、讲故事的经验。教师还可以把比赛过程录制成视频,分享给低年级小朋友。

【教学建议】

1. 根据三年级学生的身心和认知特点,阅读活动建议以轻松的形式开展。从读完到读通顺再到读出寓言的不同,渐次深入,循序渐进,不给学生太大的压力。阅读单可以填写,也可以对照说一说,不要增加学生书写的负担。由于书中外国寓言比较少,教师可以另外推荐书目,但不作为必读书籍。

2. 厘清故事结构,最好的办法就是将故事图像化,绘制情节图有助于学生抓住故事的主要情节,把握故事关键处,为讲故事提供支架,为深入思考发现道理提供凭借。给动画配音,有助于学生把握人物形象,思辨人物行为,为后续辨析寓意打好基础。

3. 讲故事是生动的语文活动,建议让学生自主开展。人人是选手,人人是评委,在讲与评的言语实践中,促进学生语文能力的提升。

任务二:照一照镜子

阅读情境:

如果只从寓言中读到"傻人"在做"傻事",那你还不算是会读寓言。会读寓言的人,还能从"傻人""傻事"背后学到做人做事的智慧。"照一照镜子",你也许能从"傻人""傻事"中看到自己的影子,只有这样你才能明白寓言讲述的道理,做一个有智慧的思想者。

阅读过程:

活动一:"众议院"——错在哪里

1. 和同学一起议一议:他错在哪里?怎样做,不会犯错?

提示:引导学生结合情节图说说自己的发现。

示例1:

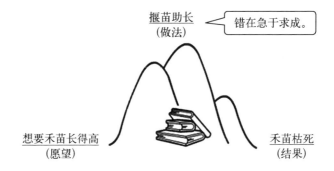

道理:不要急于求成,要遵循事物成长的规律。

示例2:

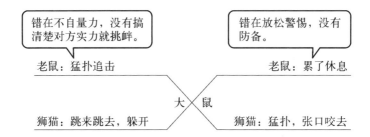

道理:不要没有搞清楚实际情况就贸然采取行动,要了解真实情况以后再采取行动。

2. 由结果倒推想一想,他错在哪里?

提示:引导学生从结果出发思考辨析故事中人物行为的得失,从而得出道理。

示例:《刻舟求剑》

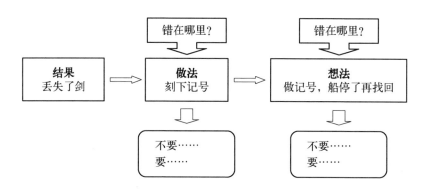

活动二:"思过堂"——谁也有错

1. 中国的寓言往往藏在历史故事中,是古代智者用来劝谏人的一种委婉的表达方式。从寓言故事回到历史故事,看看故事里的人错在哪里?

提示:引导学生将寓言故事与历史事实对应起来看,讲讲道理。

示例:《鹬蚌相争》

	寓言故事	历史事实
人物	鹬和蚌(弱者)	赵国、燕国(弱者)
	渔翁(强者)	秦国(强者)
行为	鹬蚌互相争斗,相持不下	赵国要攻打燕国
结果	鹬蚌相争,渔翁得利	赵燕相争,秦国得利
道理	不要只看到眼前的利益,而要看到长远的得失。弱者之间要团结,才能共抗强敌。	

2. 寓言虽然看似离我们很遥远,但是寓言讲述的道理是永不过时的。寓言中的傻人傻事,在我们的生活中也有,说不定还是你自己。照照寓言这面镜子,你会有新发现。

提示:引导学生发现生活中的傻人傻事,用学过的寓言故事来劝告他们。

示例：

生活中的"傻人""傻事"

班级：_____ 姓名：_____

生活中，我见过这样的"傻人""傻事"

_____

_____

_____

_____

启示

我可以用这个故事劝劝他：_____

活动三：座右铭——律己劝人

写一句座右铭，做成书签，用以劝诫自己和他人。

提示：可汇编成《凡人名言集》。

【教学建议】

1. 从故事到道理，教学中要引导学生根据情节图，发现故事的荒唐之处。从发现"错在哪里"的事实，到得出观点"不要……要……"，让学生在思辨中锤炼语言，训练思维，从而达成"思辨性阅读与表达任务群"第二学段的要求——"通过具体的例子引导学生知道事实与观点的不同，引导学生发表对文本的看法，尝试表达自己的观点"。

2. 从文本到现实，从阅读到反思，从故事到道理，要从浅显的故事中读出深刻的道理，然后回归生活，成为自己为人处世的智慧。教学中，要努力在故事和道理、文本和现实之间建立联系。

3. 开展思辨性阅读对于中年级学生来说是有一定难度的，教师教学中要根据学生的身心特点、认知特点，注意任务的难度，注意活动的趣味性，让寓言学习成为有意思的活动，而不限于机械的推理、提问。

任务三：写一写寓言

阅读情境：

读寓言，长智慧，那么编寓言呢？就是要把智慧藏在故事中，那是更大的智慧。从寓言故事中学到编寓言的本领，用自己编写的寓言劝诫别人。

阅读过程：

活动一：穿越故事去劝他——续编寓言

1. "我"是劝说者。

寓言故事里的那些"傻人"做的"傻事"让我们又好气又好笑，如果你能穿越到寓言中，你会怎么去劝他们呢？

提示：选择一则寓言，确定劝告对象，先帮助他分析问题所在，然后进行劝告。

2. "傻人"改变了。

听了你的劝告，故事里的那些"傻人"一定会恍然大悟，愿意马上改变调整，那么故事接下来会怎么发展，请你继续编下去。

提示：续编故事，要重点刻画人物的言行和心理，写出人物的反思以及行为的调整，进而写一写结果的变化。

活动二：编个故事来劝你——创编寓言

1. 针对生活现象编寓言。

请你从生活中，选择你最想劝告的一个人，编一则寓言来劝告他。先梳理一下，再写下来。

	主人公	错误的想法	做的傻事	造成的后果
生活现实				
寓言故事				

2. 收集整理寓言集。

收集学生续编、改编、创编的寓言故事,评选优秀作品,整理后编写目录,装订成《班级寓言集》。

示例：寓言故事评价表

评价标准	评定星级
故事完整,情节有趣	☆☆☆
人物性格鲜明,言行生动	☆☆☆
讲述的道理准确、深刻	☆☆☆

【教学建议】

1. 对于三年级学生而言,创编寓言有一定的难度。可以让学生先尝试续编寓言,让故事中的主人公反思自己的过错、改正自己的言行。

2. 创编寓言,需要给学生一定的支架,帮助学生把现实和故事匹配起来,注意做到人物不同、情节不同,但讲述的道理相同。

3. 评选班级优秀寓言,要注意不要过分拔高评选标准,尽量照顾更多的学生,让大家都有发表的成就感。

（编写人：江苏省江阴市月城实验小学　季　勇）

第9讲 说声"谢谢你"

——四年级上学期《夏洛的网》"整本书阅读"学习任务群设计

一、主题与内容

（一）文本解读

《夏洛的网》是美国作家 E·B·怀特描写生命和友情的童话。故事展现了落脚猪威尔伯和蜘蛛夏洛真挚的友情。威尔伯通过夏洛的帮助一次次化险为夷，变得自信勇敢，而夏洛却因为不断地织网加快了自己生命的衰竭。作家用轻松幽默的笔调讲述了这个温暖又有些伤感的故事，表达了自己对友谊、对生命的思考。

（二）主题确定

《夏洛的网》不仅展现了一个生命成长的奇迹，也讲述了一个关于友谊、关于生死的故事。两个主人公真挚的友谊让人感动不已。学生在阅读的过程中，能见证夏洛的无私付出，见证威尔伯的成长，从而引发对友谊的真谛、生命的意义的深入思考，懂得该如何感恩他人的付出。因此，《夏洛的网》的阅读主题确定为：说声"谢谢你"。

（三）资源链接

观看电影《夏洛的网》。

阅读目标	阅读评价
把握关键情节：梳理故事结构,提取关键事件,了解威尔伯的命运轨迹。	能用时间轴梳理故事的时间和场景。
	能提炼关于威尔伯的关键事件,并用简洁的语言概括。
	能用折线图、山形图、阶梯图等方式绘制威尔伯的命运图。
	能按顺序讲清楚威尔伯的成长经历。
感受友谊之美：探索友谊的真谛,领悟生命的意义。	关注"织网"的关键事件,探索友谊真谛。
	能通过对比"夏洛"和"坦普尔顿"两个角色,领悟生命意义。
	能与伙伴合作为电影片段配音,感受友谊之美。
感谢友情付出：替威尔伯写感恩卡;联系自身经历,进一步体会友情。	替威尔伯写一张感恩卡,表达对朋友的感谢。
	分享自己的经历,给你想表达感谢的人写一张感恩卡或一封感谢信。

➡️ 三、情境与任务

（一）阅读情境

1. 情境：

"感恩有你"分享会。

2. 角色：

见证者：走进谷仓,和动物们一起见证夏洛和威尔伯的友谊,见证生命奇迹的发生。

探索者：探索友谊的真谛,思考生命的意义,感受友谊之美。

发现者：发现他人的美好品质,感恩他人的付出。

（二）任务框架

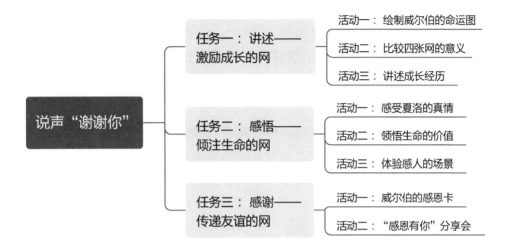

（三）任务说明

1. 主题统领:"友谊"助力威尔伯成长,也创造了生命的奇迹。学生聚焦"友谊"与"生命"的话题,在阅读中交流,在发现中领悟,获得成长的启示。

2. 策略支持:一是运用"预测卡",一边阅读一边预测,关注自身阅读经验和文本的联系,关注文本中人物与情节、情节与情节的联系。二是运用"折线图""阶梯图"等思维导图,确认重要信息,把握关键的情节。三是运用"角色对比""配音朗读"等方法,体会人物之间的差异与联系,把握本书的主题。四是设计"感恩卡",联系自身,表达感恩之情。

3. 时间分配:

时间	形式	任务
2课时	自主阅读	完成任务一
2课时	自主阅读	完成任务二
1课时	自主阅读	完成任务三

任务一：讲述——激励成长的网

阅读情境：

从弗恩家到朱克曼家的谷仓，再到集市，小猪威尔伯的命运虽然一波三折，但是他的成长也是突飞猛进的。让我们走进威尔伯的生活，去见证他的成长。

阅读过程：

活动一：绘制威尔伯的命运图

1. 自主阅读，开展预测。

提示：合理安排每天阅读的时间，一般7天左右读完。运用预测卡，边阅读边预测。先提取读到的信息，如关键词句、插图等，接着根据已有背景知识、阅读经验等进行预测，并在持续的阅读过程中进行验证。

示例：

预测卡		
我读到的情节	我的预测	预测精准度(☆☆☆☆☆)

2. 自主阅读，梳理场景和事件。

提示：随着时间的推移，威尔伯生活的地点也在不断变化。请在括号内填上时间，在气泡内填上地点，用时间轴的方式呈现变化。

示例：

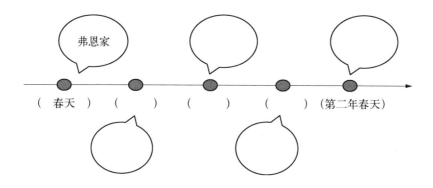

(春天) ( ) ( ) ( ) (第二年春天)

3. 读后分享。

（1）根据不同时间和场景，梳理与威尔伯有关的关键事件，填入表格。

时间	场景	关键事件
春天	弗恩家	

（2）探讨时间、场景与事件的关系。

提示：这个故事经历了整整一年，地点从弗恩家到谷仓再到集市，最后回到谷仓，每一次时间和场景的变化，威尔伯都会面临新的危机或者开启新的人生旅程。时间和场景的变化，往往意味着情节的转折。

4. 绘制威尔伯的命运图。

（1）选择关键事件，为威尔伯绘制命运图。

提示：可用折线图、阶梯图、山形图等多种方式呈现。

示例：威尔伯的命运图

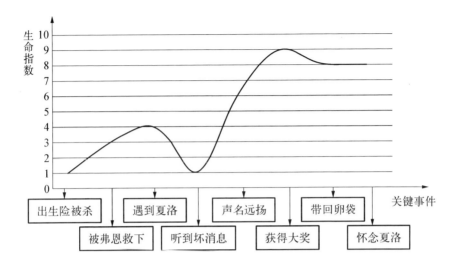

提示：生命指数用数字"1"到"10"表示。数字越大，生命越安全；数字越小，生命越危险。以威尔伯"关键事件"作为横坐标，生命指数为纵坐标，将相交的点连起来，绘制生命线。

（2）交流：从威尔伯的命运图中，你有什么发现？

提示：① 关注整体走向；② 关注转折点。

活动二：比较四张网的意义

1. 排顺序。夏洛为威尔伯织了四张网，按织网时间的先后顺序排一排。

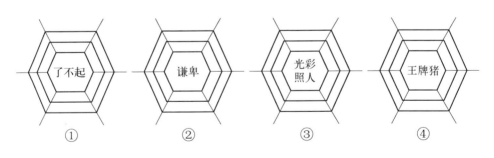

排列的顺序为：＿＿＿＿＿＿＿＿＿＿＿＿

议一议：能够变换顺序吗？

2. 列表对比：夏洛织网前，威尔伯有怎样的表现？夏洛织的这些文字给威尔伯带来了怎样的变化？

示例：

阶段	威尔伯的变化
织网前	胆小、自卑、贪吃,听到自己要被做成熏肉火腿,表现得紧张、慌乱。
第一次织网后	尽力让自己看上去是只王牌猪。
第二次织网后	变得自信了,真正觉得自己了不起。
第三次织网后	尽力让自己光彩照人。
第四次织网后	变得坚强,懂得感恩,照顾夏洛的后代。

提示：细读《坏消息》《威尔伯说大话》《进展顺利》《蟋蟀》等章节,根据威尔伯的言行表现,发现威尔伯的变化。

活动三：讲述成长经历

1. 讲述威尔伯的成长经历。小组讨论,制订评价标准表。

示例：

"成长经历"讲述评价表			
基本要求		讲述内容	
声音响亮	☆☆☆	讲清时间、场景	☆☆☆
讲述完整	☆☆☆	讲清关键事件	☆☆☆
态度大方	☆☆☆	讲清威尔伯的变化	☆☆☆

2. 在小组内讲一讲威尔伯的成长经历,由同伴打分;每个小组推选出一位同学,参加班级讲述。

【教学建议】

1. 巩固"边阅读边预测"的阅读策略。阅读中,根据自己读到的内容,联系已知经验,大胆进行预测,并在阅读过程中进行验证。

2. 关注场景和事件。故事中每一次时间和场景的变化,都意味着情节的转折。在阅读中,要引导学生关注时间、场景和事件的关系,从整体上把握故事。

3. 上述任务重在对整本书的情节进行梳理,具体形式可根据情况自主创设。

任务二:感悟——倾注生命的网

阅读情境:

夏洛的"网"熠熠闪光,它承载着动人的友谊,诉说着生命的意义。回读故事,梳理夏洛为威尔伯做的事,探索夏洛织网的秘密,感受友谊和生命的真谛。

阅读过程:

活动一:感受夏洛的真情

1. 梳理概括:夏洛为威尔伯做了哪些事情?

章节名	事件	真情指数☆☆☆☆☆

提示:夏洛为威尔伯做了很多事,如主动和威尔伯交朋友、承诺救威尔伯、给威尔伯讲故事等。

2. 品读《坏消息》和《进展顺利》中的对话片段,感受夏洛身上闪光的品质。

(1)同桌分角色读《坏消息》中的对话片段,讨论:哪一句话最打动你,为什么?

(2)读一读《进展顺利》中的片段,小组合作交流:你读到了夏洛身上哪些闪光的品质?

提示:关注《进展顺利》中的"一"字和"!",感受夏洛信念的坚定和辛苦的付出。

活动二：领悟生命的价值

1. 随着夏洛的出现，农场动物们的相处也慢慢发生了变化，对比读读《孤独》和《会议》这两章，说说你的发现。

<table>
<tr><td align="center">《孤独》</td><td align="center">《会议》</td></tr>
<tr><td>核心事件：威尔伯想交朋友。</td><td>核心事件：夏洛想织新字眼，征求
动物们的建议。</td></tr>
<tr><td>动物们的表现：</td><td>动物们的表现：</td></tr>
<tr><td>母鹅：_____</td><td>小羊：_____</td></tr>
<tr><td>小羊羔：_____</td><td>母鹅：_____</td></tr>
<tr><td>坦普尔顿：_____</td><td>公鹅：_____</td></tr>
<tr><td></td><td>老羊：_____</td></tr>
<tr><td></td><td>坦普尔顿：_____</td></tr>
</table>

提示：动物们在夏洛的引领下，变得越来越团结。

2. 夏洛和坦普尔顿对生命意义的看法有什么不同？摘录相关语句，简要写一写他们的观点分别是什么。

夏洛	坦普尔顿
语录：	语录：
观点：	观点：

3. 小组讨论：夏洛的无私付出加快了自己生命的衰竭，你觉得夏洛的付出值得吗？说一说你的思考。

活动三：体验感人的场景

1. 观看电影《夏洛的网》，选取一个感人的场景，小组合作编写配音脚本。

《夏洛的网》配音脚本	
场景：	角色：
角色台词：	

提示：分工合作确定角色，揣摩语气，编写台词，为配音秀作准备。

2. 讨论评价标准，组织班级"配音秀"比赛。学生当小评委，评选出"最佳配音拍档"并分享自己成功的经验。

示例：

"配音秀"评价表	
语言自然流畅	☆☆☆☆☆
表达角色情绪	☆☆☆☆☆
同伴配合默契	☆☆☆☆☆

3. 把优秀配音作品上传至网站，向更多的人展示。

【教学建议】

1. 抓重要文段，探索友谊真谛。通过品读重点段落中人物的言行，感受夏洛身上闪光的品质。

2. 在对比中明确主题。对比农场动物前后相处的变化，感受夏洛的引领作用。对比夏洛和坦普尔顿这两个形象，概括两种不同的人生态度，在思辨中形成自己的观点，明确本书主题。

3. 角色体验，推动深度理解。用"剧本配音"的活动形式，激发学生对角色内在情感的探索，体会友谊之美。

任务三：感谢——传递友谊的网

阅读情境：

美好的友谊能够照亮他人,让自己获得成长。威尔伯会如何感谢他生命中的朋友? 在你的生命中,是否也有一段这样美好的经历,你最想感谢的人是谁? 和同伴分享你的经历吧!

活动一：威尔伯的感恩卡

1. 品读《温暖的风》这一章节,思考:威尔伯为什么要全心全意呵护夏洛的卵袋?

2. 威尔伯永远忘不了夏洛,请你替威尔伯给夏洛写一张感恩卡。

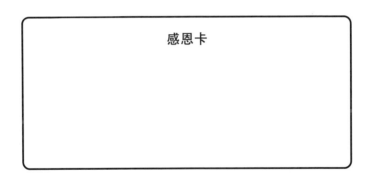

提示:把自己当作威尔伯,写上最想感谢夏洛的话;概述主要事件时,语言要精练,饱含情感;可以用画、剪、贴的形式进行适当装饰。

3. 除了夏洛,威尔伯还想感谢谁? 有兴趣的同学可以替威尔伯再写一张感恩卡。(选做)

活动二:"感恩有你"分享会

1. 在你的生命中一定有值得你感谢的人。先在小组内分享自己的故事,再推选代表在班内分享,开一个"感恩有你"分享会。

2. 做一张"感恩卡"或写一封感谢信,用文字或图画的形式表达你对他的感激之情。

【教学建议】

1. 引导学生代入威尔伯的角色,回忆来自夏洛或其他人的帮助,用简洁深情的语言表达对他们的感激。指导学生把对主旨的理解转化为交际性的语言，体现精神与语言共生长。

2. 引导学生链接生活，表达感恩。可以为最想感谢的人制作感恩卡，表达感激之情。也可以写一封感谢信，写一写这件事对自己的影响并表达感激之情。注意言辞恳切，格式规范。

（编写人：江苏省江阴市月城实验小学　黄晓艳）

第 10 讲　来一次屋内的科学旅行

——四年级下学期《十万个为什么》"整本书阅读"
学习任务群设计

（一）文本解读

《十万个为什么》是苏联作家米·伊林所著的一部科普读物。作者先用"屋内旅行记"的方式提出许多有趣的问题,再用浅显易懂却又幽默风趣的语言,娓娓动听地向读者进行解释,揭示了与生活密切相关的一些科学知识。书中生动的事例、诗性的语言、精美的插图等,能够很好地激发学生阅读科普作品、探索科学世界的兴趣。

（二）主题确定

米·伊林的《十万个为什么》集知识性与趣味性于一体,以"科学旅行"的方式,引导学生与生活实际相结合,在阅读中探究,在探究中阅读,尝试提出问题并解决问题,从而促进深度阅读。因此,本书的阅读主题确定为:来一次屋内的科学旅行。

（三）资源链接

可拓展阅读李四光的《看看我们的地球》,高士其的《灰尘的旅行》《细菌世界历险记》,贾兰坡的《人类起源的演化过程》《爷爷的爷爷哪里来》,法布尔的《昆虫记》,比安基的《森林报》等。

阅读目标	阅读评价
阅读理解，梳理信息：能运用"提问""推理""比较""思辨"等策略阅读作品，理解、梳理、汇总科普信息。	能通过查阅资料、请教他人等方法理解科技术语。
	能通过绘制思维导图等方式梳理科学知识，并借助图示向大家介绍科学知识。
	能绘声绘色地讲解某个事物的发展史或研制过程。
实践探究，屋内旅行：了解本书写作特点，以"屋内旅行记"的方式，对日常生活中的事物提出问题，并进行研究，做出解释。	能针对书中内容提出问题，并运用学过的方法，尝试解决问题。
	能自己提出问题，实践研究，解决问题。
	能赏析语言表达特色，迁移运用，创写《我们的屋内旅行记》。
分享成果，推荐宣传：以个性、多元的创意实践活动表达阅读成果，推广宣传科普阅读。	能运用学到的阅读方法阅读其他科普作品。
	能和同伴分享阅读快乐和阅读成果，开展科普讲座。
	能结合自己的阅读感受，制作科普读物推荐海报。

三、情境与任务

（一）阅读情境

1. 情境：

为什么铁会生锈？为什么面包放久了会发硬？为什么水能带走脏东西……

快来读一读有趣的科普书《十万个为什么》,做一个科普宣传员,让更多的人了解生活中的科学知识吧!

2. 角色:

以"科普信息员"的身份走进作品,理解信息、提取信息、梳理信息、汇总信息。

以"科学研究员"的身份针对书中内容、身边事物提出问题,实践探究,运用学过的方法解决问题。

以"科普宣传员"的身份分析作品语言特色,合作创编《我们的屋内旅行记》。拓展阅读其他作品,并制作海报进行推广宣传。

(二) 任务框架

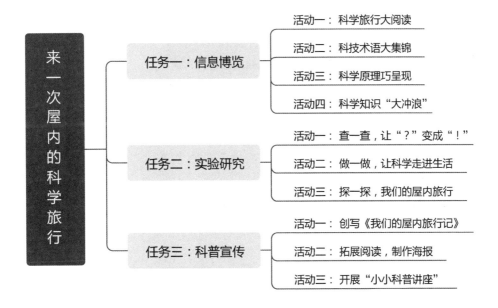

来一次屋内的科学旅行

任务一:信息博览
- 活动一:科学旅行大阅读
- 活动二:科技术语大集锦
- 活动三:科学原理巧呈现
- 活动四:科学知识"大冲浪"

任务二:实验研究
- 活动一:查一查,让"?"变成"!"
- 活动二:做一做,让科学走进生活
- 活动三:探一探,我们的屋内旅行

任务三:科普宣传
- 活动一:创写《我们的屋内旅行记》
- 活动二:拓展阅读,制作海报
- 活动三:开展"小小科普讲座"

(三) 任务说明

1. 主题统领:阅读科普作品要读懂其中的科学知识,要善于提出问题,解决问题,还要勇于探索,实践研究,并能够宣传推广科学知识,在生活中运用科学知识。

2. 策略支持:一是引导学生运用猜想、提问、比较、推理、思辨等阅读策略实现高效阅读;二是引导学生借助"绘制导图""知识冲浪"等方式梳理信息;三是通过实践探索、同伴合作、拓展阅读等引导学生进行思辨性阅读,提升阅读能力;四是借助成果展示、科普讲座、设计宣传等活动提升学生运用知识的能力。

3. 时间分配:

时间	形式	任务
2周(课外)+1课时	沉浸式自主阅读	完成任务一
1周(课外)+2课时	实践探究式阅读	完成任务二
1周(课外)+2课时	读写汇报交流	完成任务三

⧐ 四、活动与建议

任务一:信 息 博 览

阅读情境:

好的风景不一定在远方,我们的屋内也充满着奥秘,让我们一起随着米·伊林的脚步来一次"屋内的科学旅行",去探究身边的科学知识吧!

阅读过程:

活动一:科学旅行大阅读

1. 学生自主制订阅读计划表。

提示:可以随着作者的脚步,分"站点"阅读,也可以按顺序阅读,合理安排每天阅读的时间,一般安排2周左右的时间读完。

2. 根据阅读计划表,沉浸式自主阅读。

提示:一边读一边记下自己的阅读心得,随时记录下自己懂得的知识和不懂的问题,圈出不理解的科技术语。

示例：

3. 说一说,读这本书和读故事书有什么不一样,以及书中的插图有何作用。

活动二:科技术语大集锦

1. 交流汇总圈出的不理解的科技术语。

2. 运用课上学过的方法,试着理解这些科技术语,和小组成员尝试编写《科技术语集锦》。

示例：

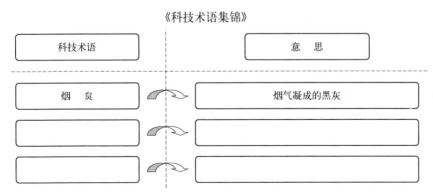

提示：可以通过联系上下文、结合生活经验、查资料、请教他人或小组合作探究等方法解决问题。

3. 把科技术语放到文中再读一读，加深理解。

提示：可在文中标注，便于阅读理解。

活动三：科学原理巧呈现

1. 书中介绍了很多事物的发展史、制作过程，请选取自己最感兴趣的一到两个内容，从文中提取重要信息，绘制思维导图等图示，巧妙呈现科学原理。

示例：

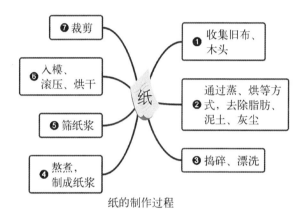

纸的制作过程

2. 交流修改图示，借助图示在小组里讲一讲该知识。

提示：按顺序，简洁明了地讲清知识的内核。

3. 将修改好的正确的图示汇编成科学知识集，放图书角供大家翻阅。

活动四：科学知识"大冲浪"

1. 自创赛题：根据文中介绍的科学知识，每人拟编 5 个以上的问题，制成卡片，准备好答案，考考别人。

提示：（1）可以先将题型进行难度分级，判断或图示题比较简单，其次是选择题，简答题最难。编写问题时，要综合考虑，难易结合。（2）问题卡上要写清题目、答案、难度级别。

2. 组内争霸：四人小组两两对决，获胜者再两两对决，选出小组冠军。小组内轮换考题单，交流自己未能答出的题目。

3. 自由挑战：大家在阅读过程中可以随时出题考考同伴，共享阅读的快乐。

【教学建议】

1. 提炼方法,合理规划阅读时间和内容。选取文本中比较有意思的内容指导学生阅读,引导学生提炼出阅读科普类书籍的方法。在此基础上,引导学生合理规划阅读时间和内容,边读边记录下懂得的知识和存在的疑问。"提出问题并试着解决"是阅读本书的重要目标。

2. 编写《科技术语集锦》,促进深度阅读。阅读科普类图书最大的障碍就是经常会遇到深奥的科技术语。可以在自主阅读的基础上,引导学生分组合作探究,用文字或图画解释术语的含义,然后全班汇总,编写《科技术语集锦》。

3. 绘制导图,提取重要信息。了解科学知识是阅读科普作品的根本,引导学生学会提取重要信息,按一定的逻辑顺序绘制成"知识导图"或"表格",甚至卡通漫画,简洁明了、易于掌握。

任务二：实 验 研 究

阅读情境：

在阅读的过程中,你有哪些不理解的问题? 又产生了哪些新的问题呢? 让我们来做一做"科学研究员",进一步研究这些问题,也来一次"我们的屋内旅行"吧!

阅读过程：

活动一：查一查,让"?"变成"!"

1. 阅读中,对于不懂的问题或产生的新问题,可以通过多种方法努力去寻求答案。

我的疑问：_____
寻求到的答案：_____
_____
_____
_____

2. 米·伊林是二十世纪的作家,他介绍的知识大多是几十年前的研究发现。如今,科技飞速发展,很多事物和问题又有了新的研究成果,请选择一个事物(问题)去探究,把新的研究成果记录下来。

_____的新的研究成果

_____

_____

_____

提示:在阅读过程中要善于提问、勇于质疑,并通过上网、查阅资料、请教他人等方法去寻求答案,让"?"变成"!"。

3. 召开研究成果交流会,和同学交流一下自己的研究成果,相互评一评。

活动二:做一做,让科学走进生活

1. 从书中选取 1—2 个不理解的或感兴趣的问题,进行实验研究,体验解决问题的快乐。

实验名称:_____

实验准备:_____

实验过程:

第一步,_____

第二步,_____

第三步,_____

......

实验结果:_____

提示:可以结合其他学科学到的知识进行探究,总结实验成功或失败的原因。

2. 交流自己做实验的过程,说说实验的步骤和看到的现象。

3. 多种形式分享实验收获,如实验报告、实验小视频、实验小故事等。

活动三：探一探，我们的屋内旅行

1. 本书中，米·伊林围绕生活中常见的现象发问，介绍了日常生活背后的科学知识。找出米·伊林所提的问题，读一读，有什么发现？

示例：

> 人从什么时候开始洗澡的？
>
> 为什么用水来洗东西？
>
> 我们为什么要喝水？
>
> 水能不能把房屋炸毁？
>
> ……

发现：角度新奇、与生活密切相关、能激发人的好奇、与科学有关……

2. 请你模仿米·伊林在家里走一走，观察身边平常的事物，试着提几个和科学有关的问题，并想办法找到答案。

3. 将探究的问题和结果记录下来，和同伴交流，相互学习，相互补充。

我关注的物品（现象）	我提出的问题	我找到的答案

【教学建议】

1. 继续强化学生提问题的意识和能力，结合四年级上册学过的"提问"策略，借鉴米·伊林的提问技巧，引导学生从多个角度提出问题、记录问题、梳理问题，筛选出有探讨价值的问题，培养学生主动提问、善于提问的能力。

2. 可以引导学生观看科普类的影片，与科学课进行融合，进行跨学科学习，还可以小组合作探究，随时记录下实践成果，鼓励学生动手实践。

3. 对于某些事物新的研究成果，可以引导学生收集相关的故事，把以前的研究成果和现今的研究成果进行汇总、比较，进行思辨性阅读。

任务三：科 普 宣 传

阅读情境：

米·伊林的《十万个为什么》是科普读物的经典之作，他的创作密码是什么？和其他科普作品有什么不同？我们又如何让其他人也爱上读科普作品？让我们来做一做"科普推荐员"，与他人一起分享我们的阅读成果吧！

阅读过程：

活动一：创写《我们的屋内旅行记》

1. 发现"科普"的秘密。

找出文中你认为写得最好的片段，朗读给大家听，并说一说好在哪里。

提示：可以从标题、说明方法、语言风格、文章结构等角度去品析写作秘妙。

2. 创写。

模仿米·伊林的写法，把自己的"屋内旅行"探究成果写下来，再进行自评、互评、修改。

提示：标题要新颖、吸引人，科学知识要介绍清楚，还可以插入有趣的小故事或用一问一答的形式来写。

3. 修改好以后，将全班作品汇编成《新编十万个为什么——我们的屋内旅行记》，并相互传阅。

活动二：拓展阅读，制作海报

1. 拓展阅读：优秀的科普作品还有很多，如李四光的《看看我们的地球》，高士其的《灰尘的旅行》，贾兰坡的《人类起源的演化过程》等。

2. 读完以后，请你结合自己的阅读经验，选择一本或几本书设计一份海报，推荐给大家阅读。

提示：发挥想象，大胆创作海报。要注意标题醒目，色彩和谐，文字和图片夺人眼球，让人一看就产生阅读的欲望。

3. 展示阅读成果。

提示：阅读成果可以是科学小报、小论文、阅读记录卡、阅读心得……

活动三：开展"小小科普讲座"

结合书中的介绍以及查到的资料，开展"小小科普讲座"，评选"最佳科普员"。

示例：

"最佳科普员"评选标准	
1. 选取的科学知识吸引人。	☆☆☆☆☆
2. 讲解的话语感染人。	☆☆☆☆☆
3. 讲解的方式打动人。	☆☆☆☆☆

提示：可以讲书中介绍的内容，也可以结合查到的资料，以"××的前世今生"为题进行讲解。可以录成视频线上播放，也可以线下讲。

【教学建议】

1. 读写迁移要注意"过程与方法"，要引导学生充分感知米·伊林的写作手法和受读者喜爱的原因，引导学生将自己的探究所得通过幽默生动的语言、形象的比喻、生动的故事，深入浅出地表达出来，写出能吸引读者的科普小文章。

2. 群书阅读可以有选择性地读，也可以引导学生比较阅读不同版本的《十万个为什么》，进行思辨性阅读。

3. 适时开展读书交流活动。通过"成果作品展""科普讲座"等形式，让学生分享阅读方法和心得，体验阅读、实践的快乐，从而激励他们持续阅读科普作品的积极性、主动性。

（编写人：江苏省江阴市北大街小学　衡月萍　李　丽）

第11讲　探寻烽火少年的成长密码

——四年级下学期《小英雄雨来》"整本书阅读"
学习任务群设计

➡️ 一、主题与内容

（一）文本解读

《小英雄雨来》一书讲述的是抗日战争时期少年雨来成长的故事。面对日寇入侵，生活在冀东还乡河边的雨来，和全村男女老少一起，掩护八路军战士，冒险给游击队送情报，把敌人引进埋伏圈……少年雨来以自己的方式保家卫国，与日本侵略者进行着顽强斗争，从一个乡村小娃成长为一名勇敢的游击队员。小说语言平实易懂，情节跌宕起伏，故事洋溢着昂扬的爱国主义情感和战胜敌人的坚定信念。

（二）主题确定

四年级学生正处于精神成长的关键时期，小说以其艺术性的方式提供了丰富的精神营养，用"同伴"的故事助力学生精神成长。因此，《小英雄雨来》的阅读主题确定为：探寻烽火少年的成长密码。

（三）资源链接

1. 联系课文《小英雄雨来（节选）》，由篇到本，自然引入对整本书的阅读。同时，关联《一个粗瓷大碗》《手术台就是阵地》《梅兰芳蓄须》等课文。

2. 在与"小英雄雨来"有关的小说文本、连环画、电影等不同艺术形式的比较中，进一步感受整本书阅读的乐趣，增强对雨来形象的把握。

3. 拓展阅读《小兵张嘎》《潘冬子》《鸡毛信》《王二小》等少年英雄的故事，进一步感受爱国主义教育。

阅读目标	阅读评价
梳理和概括：发现雨来成长中的关键事件，理解关键事件对雨来成为抗日小英雄的作用。注意事件之间的联系，发现情节的起伏，体会小说叙事的艺术，获得小说阅读的审美体验。	能独立制订阅读计划，并根据计划运用合适的策略自主阅读，学习阅读方法。
	能借助情节图梳理发生在雨来身上的关键事件，在讲述中理解战争年代少年英雄成长的意义与价值。
	能主动联系自己的阅读感受，比照情节起伏，感受小说叙事的艺术。
联系关键事件：发现关键事件中人物思想、心理、情感等方面的变化，刻画人物成长轨迹，经历人物形象建构的过程，体验文学性阅读的快乐。	能结合关键事件，有理有据地评价雨来，并从几个方面用多个词语描述雨来的人物形象。
	能对雨来周围的人物进行分类，结合细节发现不同人物对雨来成长的作用。
体悟爱国情感：朗读景物描写的文段，体会祖国山河之美，理解小说蕴含的强烈的爱国情感。在不同艺术形式的关联中，以富有吸引力的方法引导学生进行言语的迁移运用。	能选择小说中的一处景色进行欣赏，体会这部小说景物描写的特色与作用。
	能依据雨来的人物形象，结合历史背景进行续编等创意写作活动，表达自己的感受。

三、情境与任务

（一）阅读情境

在那个战火纷飞的年代，儿童是怎么生活、成长的？他们会遇到哪些阻碍、困难，又是如何克服的？这对我们的成长又有着怎样的启发？让我们追寻雨来成长的足迹,发现少年英雄成长的密码。

(二)任务框架

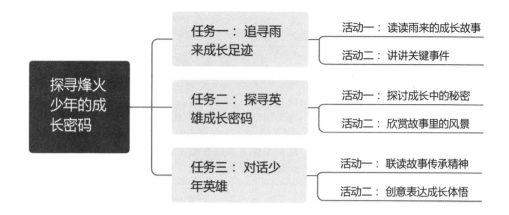

(三)任务说明

1. 主题统领:爱国主义教育是落实核心素养"文化自信"维度的重要内容。作为红色经典儿童小说,《小英雄雨来》具有文学传播的优势和故事情节的吸引力。因此,以"探寻烽火少年的成长密码"为主题,引导学生由故事走向人物,探索英雄成长的密码,再联系自我,领悟困难、阻碍等与成长的关系,在丰富的言语实践任务中种下"爱国主义"的种子。

2. 策略支持:一是通过批注、联结以及联系目录等方法,让学生对故事有整体把握;二是引导学生进行小说、电影、连环画等多种艺术形式之间的比较以及表达尝试,以有趣味的方式,增强对小说表达艺术的感受;三是拓展阅读,打破学生的阅读"隔膜",构建英雄群像,强化学生对"爱国主义"主题的文学性感受和认知。

3. 时间分配:

时间	形式	任务
1周(课外)	自主阅读	制订阅读计划,有序阅读;适当批注,随感随记。
1课时	自主阅读	找出雨来成长的关键事件,画情节图。

时间	形式	任务
1课时	阅读交流	话题探讨：雨来是如何成长为一名小英雄的？
2课时	阅读交流	欣赏景物描写的文段，分角色朗读；为连环画配文字。
3课时	多文本比较阅读	人物分类，发现结局，欣赏歌曲《我的祖国》；为电影《小英雄雨来》配音。
课外	拓展阅读	阅读《小兵张嘎》《潘冬子》《鸡毛信》《王二小》等小英雄的故事；主题写作，话说"成长"。

四、活动与建议

任务一：追寻雨来成长足迹

阅读情境：

追寻烽火少年的足迹。雨来，一个十来岁的少年，一个和同学们差不多大的孩子，他经历着怎样的生活呢？让我们一起走进小说《小英雄雨来》，走进雨来的生活。

阅读过程：

活动一：读读雨来的成长故事

1. 回顾课文《小英雄雨来（节选）》，介绍作者、时代背景。

（1）简要说一说四年级所学课文《小英雄雨来（节选）》的主要内容。

（2）观察图书封面，了解时代背景。

（3）进一步了解作者。

提示：雨来身上也有作家管桦的影子，小说饱含着作家强烈的爱国情感。

2. 制订阅读计划。

出示学习单,小组讨论后,制订个人阅读计划。

示例：

日期	页码	批注或摘记
___月___日	至___页	
___月___日	至___页	
___月___日	至___页	
___月___日	至___页	
___月___日	至___页	
___月___日	至___页	
……	……	

3. 根据计划,自主阅读。

活动二：讲讲关键事件

1. 读目录,找出雨来成长中的关键事件。

（1）出示目录,回顾故事内容。

（2）小说的主人公是雨来,找一找雨来成长中的关键事件,用简洁的短语概括。

示例：

① 夜校读书学识字

② 英勇掩护李大叔

③ 带鬼子进地雷阵

④ 带领伙伴要参军

⑤ 送信救下杜队长

⑥ 智救八路伤病员

⑦ 摸黑勇送鸡毛信

⑧ 误闯敌营不屈服

⑨ 获救参加游击队

提示：从雨来这个主角来思考和概括，筛选对雨来成长有重要作用的事件。

（3）围绕主角雨来，用简洁的语言概述小说的主要内容。

2. 感受雨来"血与火"的斗争生活。

（1）讨论：雨来成为一名游击队员经历了哪些困难？

要点：对黑夜的恐惧，忍受敌人的拷打，冒着死亡的危险……

（2）十二岁的雨来为什么会经历如此危险的斗争生活？联系时代背景说一说。

3. 体会情节的惊心动魄。

（1）回看九个关键事件，想一想，读到哪些地方自己的心会悬起来，读到哪里心才会放下来？

提示：看到雨来被敌人拷打，心就悬起来，担心雨来出危险；看到敌人受到惩治，雨来机智逃脱鬼子的魔爪，心里就觉得特别解气。

（2）把关键事件做成卡片，根据阅读感受摆一摆，连一连。

（3）小说与电影相印证，领悟叙事艺术。

观看电影《小英雄雨来》片段，说说体会。

小结：起伏的小说情节深深地吸引着读者，主人公的安危始终牵动着我们的心。这就是小说的叙事艺术，也是我们阅读的乐趣所在。我们关心主人公，因为我们和雨来一样充满正义，热爱我们伟大的祖国。

【教学建议】

1. 提倡自主阅读，感受故事趣味。引导学生根据阅读计划，自主阅读本书，体验故事阅读的乐趣。在自主阅读阶段，教师应关注学生的阅读情况，不作理解上的要求，确保学生的自主性。

2. 结合历史背景，深化故事理解。雨来的故事发生在抗日战争时期，教师应结合学生对抗日战争的了解以及相关资料，帮助学生理解故事内容。

3. 结合电影片段，领悟叙事艺术。小说的阅读不应仅停留在情节的感受上，还应以直观的形式引导学生体会小说的叙事艺术。《小英雄雨来》既有小说版本，也被拍成了电影。通过对比，让学生在直观体验中感受情节起伏与人物命运转折所带来的心理感受。

任务二：探寻英雄成长密码

阅读情境：

走进烽火英雄的内心。从天真顽皮的孩子，到勇敢机智的少年英雄，雨来是怎样在战火纷飞的年代一步步成长起来的？让我们对话雨来，走进英雄内心，发现成长的密码。

阅读过程：

活动一：探讨成长中的秘密

1. 说说英雄印象。

（1）小组合作，用若干词语描述雨来在我们心中的形象。

示例：勇敢顽强、聪明机智、胆大心细……

（2）搜集不同版本的小说封面，对比封面插图，说说哪个封面上的雨来更符合你心中小英雄的形象。

提示：抓住"小英雄"这个关键词，联系抗日战争这个时代背景来交流。

2. 话题讨论：雨来是怎么成长为一位小英雄的？

（1）小组讨论，列出小说中影响雨来成长的人。

（2）思辨：找一找小说中写到的"坏人"，他们对雨来的成长有何影响。

3. 领悟爱国主义精神。

（1）数一数"我们是中国人，我们爱自己的祖国"这句话出现的次数，分别出现在哪里，说说体会。

提示：一共出现4次，分别出现在小说的开头、中间和临近结尾的地方。这句话揭示了雨来精神力量的源头，充分表现了雨来牢记自己是中国人，深深地热爱着自己的祖国。

（2）找一找，小说中还有哪些文字体现了雨来的爱国精神。

提示：雨来用粉笔在地上写下"这是中国的土地"，并故意带鬼子经过写有这句话的地方，体现了雨来热爱祖国、憎恨侵略者、立志保家卫国的情感与志向。

4. 小组讨论,总结雨来成长的密码。

要点：热爱祖国、敢于斗争、坚强不屈、不怕牺牲、聪明机智……

活动二：欣赏故事里的风景

1. 欣赏小说里的风景。

(1) 阅读四年级《小英雄雨来》课文中描写还乡河的句子,朗读想象,说说表达的作用。

(2) 选择小说中的一处景色进行欣赏,体会景物描写的作用。

2. 感受语言特色。

(1) 分角色朗读,感受冀东方言的特色。

要点：

① 比喻句,如"为什么机关枪像个哑巴一样不叫起来"。

② 口语化,如"快走你的吧""你以为这是随便闹着玩儿的是怎么的"。

③ 方言词,如"顶后头"。

(2) 找出一些有时代特征的词,理解时代背景。

示例：游击队、鸡毛信、鬼子、特务、伪军……

【教学建议】

1. 分类整理,理解成长。通过分析雨来周围的人物,理解他们对雨来成长的影响,帮助学生全面理解雨来成长过程中的正反两方面因素。同时,通过梳理文中重复出现的语句,进一步明确雨来爱国精神的来源,深入探索英雄成长的内在密码。

2. 品味语言,感受特色。这一步是从内容理解转向语言欣赏的重要环节。在熟悉故事的基础上,引导学生运用朗读、比较等方法,感受书籍的语言特色,帮助他们积累语言素材、增强语感,并获得富有审美感的阅读体验。

3. 语言实践,评价推进。给图画添加文字的任务旨在引导学生进一步熟悉故事,特别是重要情节。教师应引导学生利用目录和翻阅全书来检验和修正自己的理解。讲故事活动应利用评价表进行评估,确保"讲"的目标得以实现,"评"的作用得以发挥。

任务三：对话少年英雄

阅读情境：

阅读少年英雄故事，对话少年英雄成长，我们可以汲取更多精神力量。

阅读过程：

活动一：联读故事传承精神

1. 主题阅读，传承红色精神。

1998 年，"小英雄雨来纪念园"在还乡河公园落成了。作者管桦为小英雄雨来纪念碑亲笔题词。

教师出示碑文，学生朗读，说说自己知道的抗日小英雄。

2. 联读英雄故事。

自主阅读《小兵张嘎》《潘冬子》《鸡毛信》《王二小》等，比较说说这些少年英雄与雨来成长经历的异同。

提示：从性格特点、生活环境、关键事件、人物结局等方面进行思考和交流。

3. 发现作者的"成长"。

了解作者经历，说一说自己的发现。

提示：作者结合自己的成长经历创作了小说，主人公雨来身上有作者的影子。

活动二：创意表达成长体悟

1. 电影趣配音。

(1) 小组合作，选用书中语言给电影片段配音，具体感受人物形象与小说主题。

电影趣配音评价标准

评价标准	星级
符合人物身份	☆☆☆
明确说话意图	☆☆☆
展现人物特点	☆☆☆

（2）比较小说与电影，说说两者的异同。

提示：从塑造人物的方法、情节的设置、细节的安排等方面进行比较。

2. 续写故事。

（1）阅读最后一章，预测在雨来的身上还会发生哪些故事。

（2）小组合作，续写一个小故事。

提示：凸显雨来"小英雄"的形象。

故事续编评价标准

评价标准	星级
符合战斗生活场景	☆☆☆
情节设计曲折起伏	☆☆☆
故事结局契合主题	☆☆☆
凸显雨来英雄形象	☆☆☆

3. 联系自己的经历，围绕"成长"写一篇文章。

可以写一写自己的成长故事，也可以联系少年英雄的故事写一写自己对成长的理解和看法。

【教学建议】

1. 由一本到一类，构建小英雄群像。从阅读《小英雄雨来》扩展到《小兵张嘎》《潘冬子》《鸡毛信》《王二小》等其他少年英雄的故事，不仅是阅读方法的迁移，更是在孩子们心中播下革命文化的种子。这里要控制拓展的数量，教师推荐后，学生可自主选择一两个故事进行阅读。

2. 多样化表达，激发创造兴趣。"电影趣配音"是通过声音还原故事场景，塑造理想中的雨来形象；"故事续编"则是基于雨来的性格特点，结合时代背景展开合理想象。两者都强调学生的主动性和创造力。围绕"成长"写一篇文章，尊重学生的选择，可以是叙事，也可以以议论为主，表达自己对"成长"的见解。

（编写人：江苏省江阴市晨光实验小学　梁昌辉）

第12讲　口耳相传,继承美好

——五年级上学期《田螺姑娘——中国民间故事精选》
"整本书阅读"学习任务群设计

➡ 一、主题与内容

（一）文本解读

《田螺姑娘——中国民间故事精选》这本书中的故事可以分为四类：第一类故事寄托着人们朴素而美好的愿望——勤劳善良的人会过上幸福的生活,自私贪婪的人最终会一无所获；第二类故事讲述名人轶事,如勤奋上进的鲁班、公正清廉的包拯、机智博学的徐文长等,表达了人们对他们的爱戴；第三类则是各民族的经典民间故事,故事情节曲折离奇,扣人心弦；第四类故事讲述大自然的山川草木,极具传奇色彩。

（二）主题确定

时光流转,岁月更迭,中国民间故事始终保持着强大的生命力和感染力,是中华文化长河里跃动的音符、奇幻的画卷。这些美好的故事诠释着人性的善恶,蕴涵着至真的哲理,对今天的生活仍有借鉴意义。因此,《田螺姑娘——中国民间故事精选》的阅读主题确定为：口耳相传,继承美好。

（三）资源链接

可链接阅读其他国家的民间故事。

阅读目标	阅读评价
借助所学策略有计划地阅读：用不同形式记录阅读收获,提高阅读能力。	能够用上预测、提问等已学过的阅读策略提取重要信息。
	在阅读中,借助阅读记录单进行梳理和思考。
了解民间故事的主题和结构特点：感受民间故事的魅力,积累言语经验,培植文化自信,汲取民族文化智慧。	体会民间故事情节的曲折离奇,扣人心弦。
	发现并梳理民间故事的结构。
创造性地复述故事：把故事讲得更生动、更有吸引力,发展创造性思维,培养丰富的想象力。	能够发挥想象,以不同视角进行故事的创编。
	讲述时,条理清晰,语气生动。
	提高语言表达能力,促进思维水平的提升和审美情趣的发展。
搜集和汇编：家乡民间故事。	开展家乡故事寻访活动。
	用学过的方式汇编家乡民间故事。

➡ 三、情境与任务

（一）阅读情境

1. 情境：

"我"是民间故事传讲人。

2. 角色：

以倾听者的身份，倾听散落在中华大地各个民族的民间故事，了解故事中那些人、那些事，了解老百姓的朴素愿望。

以研究者的身份，研究民间故事不同的分类、叙事的结构、神奇瑰丽的想象。

以传承者的身份，用多种形式创造性地讲述与宣传民间故事。探访、亲历、记录在家乡这片土地上发生过的事，进行二次创作，整理成册。

（二）任务框架

（三）任务说明

1. 主题统领：本书按照一定的主题精选了中华各民族广泛流传的民间故事，寄托了人们美好的愿望和想象。

2. 策略支持：一是运用浏览、略读、精读等多种阅读方式，关注每一类故事之间的关联，形成结构化阅读。二是针对故事较多、较散的问题，可以借助情节梯、元素图等阅读单进行探究式阅读。不同的阅读单指向不同的阅读目标，帮助学生把阅读量转化为阅读力，提升学生的阅读能力。三是结果导向，运用有目的地阅读等多种阅读策略，关注家乡的民间故事，在阅读中找到讲述故事的方法。

3. 时间分配：

时间	形式	任务
10—15天(课外)	自主阅读	制订阅读计划,随感随记;游戏闯关,检测阅读所得。
2—3课时	探究阅读	梳理民间故事的不同愿望,归纳相同主题;梳理民间故事三段式结构以及反复的情节;发现神奇的元素,感受神奇的想象。
4—6课时	创意阅读	创造性复述民间故事,用上多种形式展演民间故事;搜集家乡民间故事并汇编成册。

四、活动与建议

任务一：民间故事大荟萃

阅读情境：

中华大地处处流传着民间故事,许多经典作品耳熟能详。这些故事都讲了什么? 又为什么有这样强大的生命力呢? 让我们打开《田螺姑娘——中国民间故事精选》这本书,开启快乐阅读时光。

阅读过程：

活动一：回顾方法,制订计划

1. 复习阅读方法。

在五年级上册的第三单元中,我们已经学习了《猎人海力布》和《牛郎织女》,还记得在这两篇民间故事的学习中,我们都用了哪些阅读方法?

示例：

2. 聚焦阅读兴趣点。

翻开这本书,用上所学的阅读方法,读一读第一个故事《田螺姑娘》,聊一聊你最感兴趣的地方。

提示:鲜明的人物、神奇的想象、精彩的情节、美好的愿望等角度。

通过聚焦重要信息,读懂民间故事。

3. 制订阅读计划。

请用上所学过的阅读方法,聚焦感兴趣的地方,制订好计划,借助下方"阅读记录单"开展阅读。

示例:

故事名称	主人公	主要事件	精彩指数
			☆☆☆☆☆

活动二:游戏闯关,交流分享

1. 英雄人物"我"知道。

《中国民间故事》中的人物个性鲜明、各具特点,这些人物给你留下了怎样的印象呢?

(1)跨过"智慧山"。

民间故事里不乏聪明智慧的人物,他们都是谁? 你能根据提示猜出来吗?

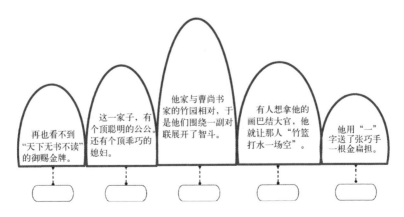

再也看不到"天下无书不读"的御赐金牌。

这一家子,有个顶聪明的公公,还有个顶乖巧的媳妇。

他家与曹尚书家的竹园相对,于是他们围绕一副对联展开了智斗。

有人想拿他的画巴结大官,他就让那人"竹篮打水一场空"。

他用"一"字送了张巧手一根金扁担。

（2）攀登"英雄树"。

民间故事里也有好多为了老百姓能过上好日子而付出一切的人,这样的人我们称之为英雄。你能根据关键词猜英雄吗? 把英雄的名字填进圆圈中。

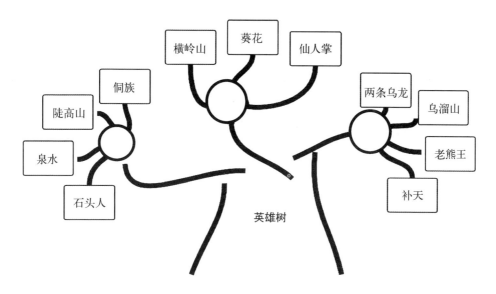

（3）挺进"恶人谷"。

民间故事里当然也会有阻挠老百姓过上幸福生活的恶人,他们为了一己之私,丧尽天良,无恶不作。根据打油诗,猜猜这个恶人是谁,出现在哪个故事里?

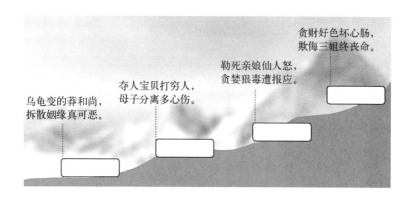

（4）揭晓"巾帼榜"。

巾帼不让须眉,民间故事里塑造了许多动人的女性形象,她们美丽善良,智慧勇敢……她们是谁? 又有着怎样的品质? 请你借助关键词猜猜人物,或根据人名评评她们的品质。

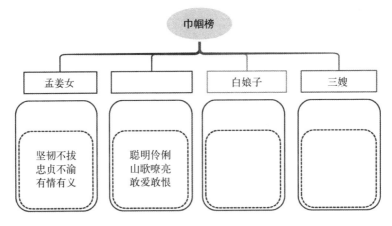

2. 民间故事对对碰。

（1）穿越"故事林"。

中国有 56 个民族，每个民族都有自己的民间故事，请你把民族和对应的故事用线连起来。

壮族	《幸福鸟》
苗族	《刘三姐》
藏族	《长发妹》
侗族	《龙牙颗颗钉满天》

（2）登上"风物梯"。

许多民间故事介绍了地方的风土人情，请你根据提示猜猜相关风物或地名。

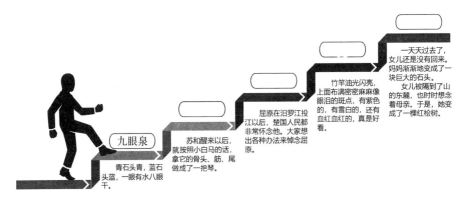

【教学建议】

1. 游戏闯关,梳理故事。通过游戏大闯关的形式,学生跨过"智慧山",攀登"英雄树",挺进"恶人谷",揭晓"巾帼榜",认识了民间故事中个性鲜明的人物;通过穿越"故事林",登上"风物梯"等形式,深入民间故事之中,感受民间故事迷人的传奇色彩。

2. 运用策略,提高速度。教师指导学生综合运用提高阅读速度的方法,让学生有意识地提高自己的阅读速度,认真投入阅读。

任务二:民间故事大揭秘

阅读情境:

中国民间故事是我国劳动人民智慧的结晶,至今仍保持着强大的生命力和感染力。这些故事为什么能够代代相传? 这些故事有怎样的特点? 小小民间故事研究员们,让我们一起穿越时光隧道,走进这些古老的故事,揭开它们神秘的面纱,感受民间故事独特的艺术魅力。

阅读过程:

活动一:感悟共同的愿望

1. 归纳故事主题。

(1) 梳理主题分类。

这本书将民间故事分为四类,你能发现是哪四类主题吗?

示例:

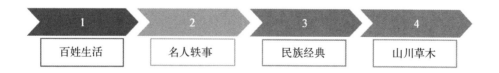

1	2	3	4
百姓生活	名人轶事	民族经典	山川草木

提示:也可以根据自己的理解归纳主题。

(2) 归纳共同主旨。

民间故事虽然有不同的主题,但都表达了一个共同的主旨,说一说。

2. 发现不同愿望。

每一个故事都寄托着老百姓对美好生活的愿望,请选择三个故事写一写吧!

故事名称	百姓的愿望

3. 比较不同愿望,发现共通点。

通过梳理和归纳可以发现老百姓的愿望其实很简单,他们渴望吃得饱、穿得暖,渴望追求幸福的生活。

活动二:发现固定的结构

1. 梳理民间故事的结构。

(1)回顾《牛郎织女》,完成结构图。

提示:梳理结构图,首先要将故事按照事情发展的顺序进行分段,再概括每一部分的情节。说说你有什么发现?

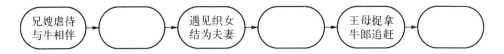

提示:结构图的形式有很多,除了情节流程图外,还有故事山、情节梯、鱼骨图、时间线等。

(2)阅读《灯花》,绘制结构图。

提示:先概括情节,再绘制结构图。

示例:

段落	情节
第1—7自然段	都林勤劳善良,呵护百合

段落	情节

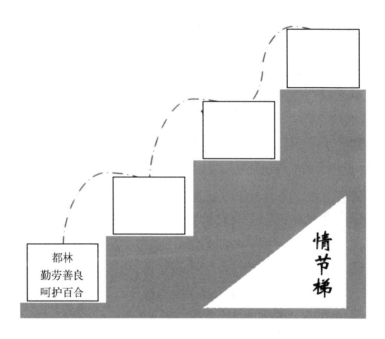

都林
勤劳善良
呵护百合

情节梯

2. 发现民间故事中反复的情节。

（1）阅读《田螺姑娘》，找到故事中反复的情节，填一填。

反复的情节	反复次数

（2）将反复的情节放在一起比较一下，你发现了什么？

提示：三段式反复结构。

（3）再读读其他的民间故事，和同学谈谈你的收获。

3. 绘制连环画。

民间故事引人入胜，我们可以用画笔将故事情节定格，以连环画的形式讲述这些有趣的故事。

提示：按照情节的划分和故事的顺序，精心选择最精彩的画面进行绘制，再配上精练的介绍，就能以连环画的形式表现出故事的神奇与精彩。

活动三：揭秘神奇的想象

1. 梳理神奇的元素。

民间故事除了情节引人入胜，藏在故事中的神奇元素也十分吸引人。你在故事中都读到了哪些神奇元素呢？请你细细阅读民间故事，找出这些神奇元素，再试着分分类。

提示：这些神奇的元素，有可能是一位神奇的人物，有可能是一件神奇的宝贝，还有可能是一些神奇的法力……

2. 发现神奇的想象。

（1）先来读读《田螺姑娘》，你发现了哪些不可思议之处？试着找找故事中充满神奇想象的语言。

故事情节	不可思议的想象
第二天晚上，年轻人从田里耕种回来……	看见灶上热气腾腾的，屋子里也收拾得干干净净、整整齐齐。
公鸡叫了，天快亮了，他照例起来，正要淘米煮饭……	不料灶上热气腾腾的，灶下的余火还微微红着，原来早饭又做好了。
在回家的小路上，他一边走一边想：也许午饭又熟了。	果然，不单单是午饭做好了，地扫干净了，碗筷也洗干净了，不曾洗的脏衣服也替他洗好，晾在竹竿上了，破的鞋袜也替他缝好放在床边了。他想：真是遇到怪事了！但是他又不敢相信真会有这样的怪事。

故事情节	不可思议的想象
"哎呀!"他几乎喊出来……	他看见大田螺爬到水缸沿上,变成了一个美丽的姑娘,穿着青衣服,梳着两条长辫子。

（2）和同学们一起议一议,这些想象神奇在哪里?

（3）再试着找找其他故事中充满神奇想象的语言,用思维导图进行摘抄、梳理。

3. 创编神奇的想象。

阅读《灯花》,灯花中出来的姑娘有着怎样的身份? 她是怎么和都林结为夫妻的? 请你发挥想象,为故事再加上一些神奇的元素。

【教学建议】

1. 紧扣想象,体会神奇。丰富的想象是民间故事的重要特点,讲述者们常常通过想象、夸张、变形等手段对故事进行加工创造,让主人公遇到困难时有神人相助,从而克服困难,达成美好的愿望。要指导学生去发现这些不可思议之处,体会民间故事丰富想象的神奇魅力。

2. 神奇元素,补充想象。指导学生为故事再加上一些神奇的元素,比如特别的身份、神奇的宝物等,让学生进一步感受民间故事的生动与神奇。

任务三：民间故事"我"传承

阅读情境：

民间故事除了讲述,也可以搬上舞台,用话剧的形式表演出来;还可以用连环画的形式展示出来,陈列展览……

阅读过程：

活动一：创造性讲述故事

1. 回顾所学,复习创造性复述的方法。

引导学生回顾学过的课文《猎人海力布》和《牛郎织女》,借助《语文园地》中的"交流平台"复习创造性复述的方法。

提示：

（1）代入角色讲一讲：以故事中人物的口吻讲故事。

（2）丰富细节加一加：想象增加合理的情节。

（3）换个顺序变一变：用倒叙的方式讲故事。

（4）合理想象演一演：用合适的语气、语调，加上动作讲演。

2. 丰富细节，复述故事。

在《田螺姑娘》这个故事中，当田螺姑娘被小伙子发现做饭的事情后，她想回到水缸里，又被小伙子挡住了去路，只得说出实情。田螺姑娘会怎么说呢？小伙子又会怎么回答呢？

提示：适当地补充人物的语言、动作、心理等内容，丰富环境等细节，让故事更加生动。

3. 入情入境，进行创造性复述。

选择另外的一个民间故事，继续练习创造性复述故事的方法。

提示：先理清楚故事的情节发展，了解人物特点，找出这个故事最精彩的地方，然后用自己的话来创造性复述。

评价：

评价标准	分值	得分
能脱稿把故事讲完整，语言自然流畅，用词恰当，语速适中。	20分	
能讲清楚主要人物的关键事件，大胆想象，为故事增加合理的情节。	20分	
丰富故事的细节，适当增加人物对话。	20分	
讲得绘声绘色，表情生动，有一定的肢体语言。	20分	
能把自己设想成故事中的人物，以他的口吻讲，或用独特的方式把故事讲得生动、有吸引力。	20分	
总分		

活动二：多样态展示故事

1. 表演话剧。

挑选故事，改编剧本，角色分工（确定好编剧、导演、主演和配角），筹备话剧演出。

提示：要表演好话剧，首先要能脱稿讲述台词，其次要能通过动作、神情和语气将人物特点表现出来，还可以加上自己丰富的想象。

2. 展出连环画。

小组成员挑选民间故事，分工绘制情节画，撰写描述性的语言，最后将连环画汇集成册展示出来，比一比谁的连环画最吸引人。

3. 讲述民间故事。

选择自己喜欢的民间故事，对照评价表练习，在班级里进行讲述。讲故事时，可以加上合适的道具，制作精美的 PPT，配上恰当的音效等。

活动三：汇编家乡的故事

我们的家乡是一个文化底蕴深厚的地方，口口相传下来很多生动有趣的故事。让我们收集好家乡的民间故事，汇编成《家乡民间故事集》，做民间故事的传承者。

1. 采风。

以班级为单位，先确定采风的地点：可以是名胜古迹，也可以是博物馆……

提示：民间故事的主题应丰富多彩。

2. 汇编。

汇编民间故事时，可选择多种形式，让民间故事更加吸引人。

【教学建议】

1. 多样式传承家乡民间故事。民间故事传承的方式是多样态的，可以是以文字的形式呈现，可以是声情并茂地讲述，可以是用画笔绘制连环画，还可以是有声有色地表演……不管是何种形式，都需要传承者们调动所学，去思考怎么呈现会让读者更加感兴趣，从而将家乡的民间故事真正传承下去、传播出去。

2. 凸显家乡文化特色。"一方水土养一方人"，很多民间故事具有鲜明的地域特点，根植于特定的自然环境与人文环境。挖掘和发现地域文化特色，可以让家乡古老的民间故事焕发出新的生机。

（编写人：江苏省江阴市辅延中心小学　朱育妹　袁君琳）

第13讲　聚散爱永在

——五年级上学期《团圆》"整本书阅读"学习任务群设计

➡ 一、主题与内容

（一）文本解读

《团圆》以小女孩毛毛的视角,讲述了江南水乡小镇上一个普通家庭春节团圆的故事。故事中,小主人公毛毛终于在春节来临时盼回了在外打工的爸爸,一家人温馨团聚,其乐融融。刚开始,毛毛觉得爸爸有点陌生,后来跟着爸爸一起理发、贴春联、包汤圆……慢慢亲近起来。可爸爸很快又要回去工作。分别的时候,毛毛把在汤圆里吃到的"好运硬币"送给了爸爸。这部作品将传统文化、现代生活、儿童心理巧妙地融为一体,具有人情味、时代感、艺术美。全书以朴质无华的文字、色彩浓郁的画面再现真实的生活场景,画面排版形式丰富,给读者带来不同的阅读体验。

（二）主题确定

《团圆》讲述了过年的故事,再现了团圆的甜蜜和欢乐,见证了感人的亲情,触碰着每一个读者的内心。不管是离别还是团聚,父母、孩子之间的爱永远都在。因此,《团圆》的阅读主题确定为:聚散爱永在。

（三）资源链接

可以阅读《纸马》《念书的孩子》《桃花吐》等书。

阅读目标	阅读评价
读懂团圆的欢乐,感受温暖亲情:绘制时间轴导图,梳理故事情节,体会家人间的关爱;领悟硬币等物件的含义,发现图文的表达手法。	关注图画的色彩、构图等,感受欢乐的中国年味;能以列表形式呈现中国年俗及含义。
	能用时间轴梳理故事内容。
	能从语言文字中感受父女情深。
	能从图画和文字中发现呼应、象征、对比等表达手法。
理解聚散的含义,捕捉生活瞬间:学习文字和图画的表现方式,续编故事;联系生活实际,辩证认知团圆与离别背后的情意。	能感受文字和画面省略、空白的意蕴之美,用文字补写人物的内心独白,领悟主旨。
	能续编故事。
	能辩证地看待"团圆"与"离别"。
	能捕捉生活中有关团圆的瞬间,并诠释团圆的含义。

三、情境与任务

(一) 阅读情境

1. 情境:

快过年了,毛毛和她妈妈非常高兴,因为常年在外打工的爸爸要回家啦!

2. 角色:

代入毛毛的身份,感受春节与爸爸团圆的欢乐,从爸爸的一言一行中体会他对家人深深的爱。联系自身的经历,感受家人之间的牵挂、思念与关爱。

以社会小公民的身份,体察周围与文中爸爸一样的劳动者的内心,理解辛勤背后的亲情牵挂和家庭温暖。

(二)任务框架

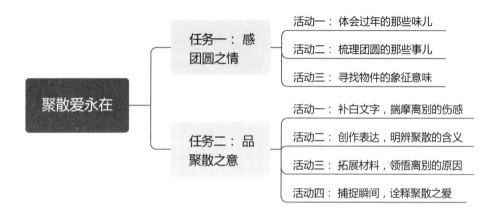

(三)任务说明

1. 主题统领:"聚散爱永在"是本书的主题。从"感团圆之情"到"品聚散之意",学生在图文的阅读比对中逐步感悟到温暖永恒的情意;在阅读材料、捕捉生活画面中体察人物内心,尊重像毛毛爸爸一样的劳动者、建设者,关心爱护像毛毛一样的伙伴。

2. 策略支持:一是用思维导图来梳理年俗和故事情节。二是关注图画布局特点以及图画中的意象,读懂象征意义。三是运用图文互补的阅读方式发现图画与文字中的细节,关注图与文之间的互补和呼应。四是捕捉生活中的瞬间,真正读懂"聚散爱永在"的含义,体察生活中的真人真事,珍惜团圆时光。

3. 时间分配:

时间	形式	任务
1课时	沉浸式自主阅读	完成任务一
1课时	交流式分享阅读	完成任务二

任务一：感团圆之情

阅读情境：

团圆，是中国人过春节最好的仪式。让我们跟随生活在江南水乡的小女孩毛毛过一个春节。毛毛在外地打工的爸爸回来了，他们一家是怎样过年的呢？

阅读过程：

活动一：体会过年的那些味儿

1. 按时间顺序整理书中提到的年俗，并说说其蕴藏的含义。

时间	习俗	含义

2. 感受画面中的色彩，理解色彩的象征意义。

示例：

从整体色彩来看，以红色和黄色为主，给人以温暖的感觉，象征着人们对幸福美好生活的追求。

活动二：梳理团圆的那些事儿

1. 自读故事：概括故事内容。

提示：绘制时间轴，梳理毛毛爸爸在家时全家人一起做的事情，并连起来说一说。

示例：

2. 找出有关毛毛和爸爸相处过程中情感变化的句子，联系上述图示，说说毛毛对爸爸的情感变化。

示例：

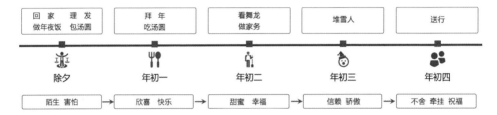

3. 短暂的相聚，毛毛爸爸顾不上休息，他做了很多事，似乎是在弥补自己平时对这个家的亏欠。找出相关语句和画面读一读，读懂每件事背后的象征意义。

示例：

爸爸做的事情	为妻女买新衣、新帽	补屋顶、补窗户缝、刷新门漆	换新灯泡	让女儿骑肩膀上看舞龙
象征意义	迎新纳福，新年有新气象、新希望。	让家更温暖，为家人遮风挡雨，希望日子更红火。	让家里亮堂堂的，新的一年生活更美好。	爸爸永远是毛毛的依靠和保护。

4. 关注"骑肩膀"的画面，领悟深意。

示例：

爸爸肩上挑着家庭的重担，他将心中最温柔的情感留给了家人。爸爸肩上的女儿，是欢喜的、安心的、幸福的、骄傲的，因为有了爸爸的强大支撑，她才能看到最热闹的一幕，才能登高俯瞰世界。爸爸是女儿永远的依靠。

活动三：寻找物件的象征意味

1. 梳理线索：关注"好运硬币"这一线索，绘制鱼骨图。

提示：以硬币为核心词，用小标题概括情节。

示例：

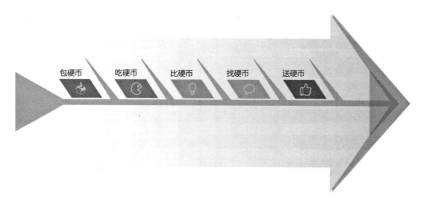

2. 寻找书中"好运硬币"带给毛毛内心变化的句子，概括毛毛的每一次心理变化，完善鱼骨图。

示例：

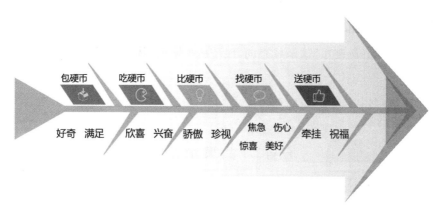

3. 领悟硬币的象征意义。

提示：作者为什么选择冰冷坚硬的硬币作为故事的线索呢？从硬币的外形、包汤圆的习俗等角度来说一说。

示例：

硬币外形是圆的，象征着圆满、团圆。硬币原本是坚硬的、冰冷的，而包汤圆的形式却赋予了它温度，使它成为一个传送温柔爱意的"小天使"。

4.寻找其他物件的象征意义。

《团圆》的文字与画面相互补充,流淌着水乡的柔情,跃动着团圆的欢乐,诉说着温暖的亲情。除了"好运硬币",画面中还有许多物件有着丰富的象征意义,找一找。

示例1:

如影随形的小白猫。虽然文中没有一个字提到它,但是它几乎出现在了每一个有小女孩的场景里。小白猫可能代表毛毛内心渴望陪伴。

示例2:

悬挂在墙上的全家福相片。父亲刚回来时,全家福的照片并没有显示完整,这暗示了父亲长期不在家。父亲再次离开时,全家福完整地呈现在读者眼前,这说明女儿又找回了父亲的形象。

【教学建议】

1. 引导学生先梳理年俗,体会团圆的年味儿;接着从毛毛的视角,找出对爸爸情感逐渐加深的语句,体会父女情感上的"团圆";再从爸爸的视角,找出爸爸为家人所做的事情,思考每件事情背后的含义,进一步体会父女情深,体会父亲对这个家的亏欠和担当。

2. 围绕"好运硬币"这个核心词,厘清故事脉络,体会人物情感的变化,训练概括的能力,学习作批注。

3. 寻找书中其他有象征意义的物件,领悟象征手法的含义。

任 务 二 : 品 聚 散 之 意

阅读情境:

《团圆》这个故事始于爸爸的归来,终于爸爸的再次离去,甜蜜中微微泛着些许的酸楚。如何面对离别的忧伤?值得我们每个人思考。

阅读过程:

活动一:补白文字,揣摩离别的伤感

1. 品读离别前父女拥抱的画面,补一补爸爸的内心独白。

提示:爸爸心里其实有很多话要说,但是此刻却一句话也说不出来,只是

"用力地抱住我""用力地点点头,搂着我不松手……"。爸爸想对毛毛说些什么? 请你代爸爸说一说。

2. 品读母女为爸爸送别的画面,补一补女儿的内心独白。

提示:此时此刻的毛毛,也有千言万语想向爸爸倾诉。

3. 朗读离别的语句。

小结:正是分离的伤感,才会让我们更珍惜团聚的时刻。哪怕分开,心也要聚拢在一起。

活动二:创作表达,明辨聚散的含义

1. 发现留白,领悟"此时无声胜有声"。

提示:教师出示文中最后一幅送别的画面。右侧的留白让人陷入淡淡的忧伤,也让人萌生对下一次团圆的期盼。

总结:画面留白是为了给我们一个回味的空间。

2. 创作表达,铭记亲情的力量。

短短的团圆之后,又是长长的别离、长长的等待。也许唯有这样,团圆的日子才显得弥足珍贵。假如要你在最后续编一页图画,你会如何构思?把你的构思用文字表达出来(具体指画面的时间、场景、人物、内容以及构图方式,还可以给画面起个题目)。

示例:

时间	周末的晚上	中秋的晚上	
人物	爸爸、妈妈、毛毛	爸爸、妈妈、毛毛	
场景	家中和工地	家中的屋顶和工地	
构图	双联图	双联图	
事情	妈妈、毛毛和爸爸打电话,诉说彼此的思念。家中的墙上有全家福,工地的桌上有全家福,爸爸的手中捏着"好运硬币"。	妈妈、毛毛和小白猫在屋顶赏月;爸爸在林立的高楼的缝隙中抬头望月。	
题目	牵挂	千里共婵娟	

总结：别离与团聚就跟季节一样，是循环变化的，有别离就有相见。

活动三：拓展材料，领悟离别的原因

1. 查阅材料谈感受。

提示：春节是中国人最重要、最隆重的节日，是阖家团圆的节日。但总有人会因为种种原因不能和家人团聚。查阅资料，说说原因，谈谈感受。

2. 联系故事谈看法。

请把绘本的封面和封底展开欣赏，我们会被封面的幸福与满足，封底的思念与牵挂打动。拓展阅读更多的书籍，说说你对"团圆"和"离别"这对看似矛盾的词语的看法。

提示：彼此想念、彼此关心，就是团圆。

活动四：捕捉瞬间，诠释聚散之爱

1. 拍摄你眼中的"团圆"瞬间。

提示：团圆，也许是大圆桌前四世同堂的团聚，也许是一轮明月下父亲拨通家人电话时嘴角漾起的笑意，也许是远方的巡逻和守护……请举起手中的相机，捕捉代表"团圆"的瞬间。

2. 举办"团圆"主题摄影展。

【教学建议】

1. 补白图文，读懂主旨。补白父女俩的心里话，结合生活中的调查，感受离别的伤心和思念，领悟团聚的温暖和力量。借结尾的留白处，鼓励学生创作画面，升华文本主题。

2. 拓展资料，深层理解。了解春节中许多不能团圆的现象，剖析深层原因，辩证地看待"团圆"和"离别"，领悟主旨"聚散爱永在"。

3. 联系生活，内化理解。捕捉生活中能够诠释"团圆"的瞬间，举行摄影展，尊重像毛毛爸爸一样的劳动者、建设者，关心爱护像毛毛一样的伙伴。

（编写人：江苏省江阴市澄江中心小学　王　晖）

第14讲　品读西游，修炼"真经"

——五年级下学期《西游记(青少版)》"整本书阅读"
学习任务群设计

→ 一、主题与内容

(一) 文本解读

《西游记》是我国文学史上一部杰出的充满奇思妙想的神魔小说，讲述的是孙悟空大闹天宫后与猪八戒、沙和尚、白龙马一起保护唐僧西行取经，一路降妖除魔，取得真经的故事。

《西游记(青少版)》是根据吴承恩的原版《西游记》改编的。它保留了原著章回体小说的文体特征和基本结构，语言通俗，更加适合青少年阅读。

(二) 主题确定

根据小学生的认知特点，《西游记(青少版)》的阅读主题可定位为：品读西游，修炼"真经"。"真经"既是唐僧师徒历经劫难取回的经书，也是我们从小说中领悟的真谛：只有不惧困难，团结合作，向着目标精进不怠，才能取得成功。

(三) 资源链接

阅读《西游记》原著。

阅读目标	阅读评价
感受取经艰难：通读整本书，厘清取经的路线。	能初步掌握读章回体小说的方法，根据回目大致了解故事的内容。根据自己的阅读速度，制订阅读规划表，分章阅读。
	能通过小说中所描述的住所、法器、法力等关键词辨识妖魔，初步感受取经的艰难。
	能按照取经地点和遇到的困难绘制取经路线图，把握故事的主要内容。
感悟孙悟空精神的成长：寻找取经成功的因素，提升思辨、归纳、总结的能力。	能根据名号和"成长大事件"绘制孙悟空的成长轴，初步感受孙悟空的成长轨迹。
	能通过比较孙悟空的三次出走，讨论"紧箍咒"的意义，感悟孙悟空内心的成长。
	能发现不同角色对孙悟空成长的促进作用，通过讨论与分享，总结取经成功的因素。
了解小说的语言特色和叙事密码：通过演绎和创编的方式内化精神品质，提升表达力和想象力。	能以"三打白骨精"为切入口，把握小说反复的结构，了解小说的语言特色。
	能通过小组合作，选择书中的经典故事进行表演。
	能发挥想象，借鉴小说的语言表达形式和故事结构特点，创编西游新故事。

➡ 三、情境与任务

（一）阅读情境

1. 情境：

品读西游，修炼"真经"。

2. 角色：

与师徒四人一起经历一场取经之旅,感悟孙悟空在斩妖除魔中的精神成长,修炼属于自己的"真经"。

把握小说的语言特色和叙事密码,以创作者身份,运用学到的方法创编西游新故事。

（二）任务框架

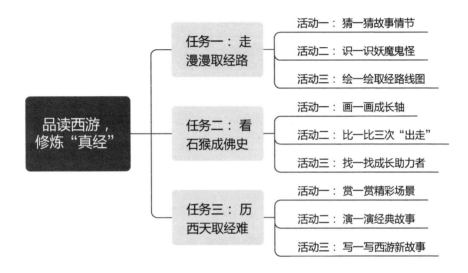

（三）任务说明

1. 主题统领："品读西游,修炼'真经'"的学习主题是"修炼"与"成长",紧扣这个主题,引导学生在不同的任务情境中感受人物受到的磨难,寻找人物成长的轨迹,发现成功的密码。一是走漫漫取经路。厘清取经路线,初步感受取经的艰难。二是看石猴成佛史。孙悟空是《西游记》中的主要人物,取经过程中他的成长蜕变是显而易见的。引导学生交流分享孙悟空成长的过程,探讨取经成功的因素,获得成长的力量。三是历西天取经难。《西游记》情节曲折有趣,极具魔幻色彩,语言鲜活生动,描写浪漫奇幻,引导学生深入品读小说的语言,了解故事的叙事结构,在演一演、编一编的过程中内化精神品质,提升表达力和想象力。

2. 策略支持：一是运用浏览、跳读、通读、精读等多种阅读策略,关注整本书中整体与局部、局部与局部之间的关系;二是小说故事繁复、人物众多,可以借助路线图、成长轴这样的阅读单进行梳理；三是采用有目的阅读、推测、对比、联结等探究式的阅读策略探究小说中情节和人物之间的关联。

3. 时间分配：

时间	形式	任务
1课时	导读	完成任务一
2周(课外)	自主阅读	
1课时	交流分享	
1课时	交流分享	完成任务二
1课时	表演汇报	完成任务三
1课时	专题探究	

> ▶ **四、活动与建议**

任务一：走漫漫取经路

阅读情境：

师徒四人西天取经的故事家喻户晓，或许你已经在电视剧、动画片中了解过《西游记》，但是想要真正领略经典的魅力还得读读小说。让我们展开一趟"经典之旅"，重走取经路。

阅读过程：

活动一：猜一猜故事情节

1. 读一读。读读有趣的回目，说说自己的发现。

2. 猜一猜。挑选自己最感兴趣的回目猜猜情节，读读故事，看看内容是否和自己猜测的一样。

3. 订计划。制订阅读计划可以帮助我们更好地读完整本书。根据回目和自己的阅读速度,制订《西游记(青少版)》阅读计划表,分章阅读。

提示:每天阅读后,用关键词或一句话概述阅读内容;简单写写自己的阅读体会,可以是对人物的印象,可以是对故事情节的看法等,对阅读情况进行自我评价。

示例:

《西游记(青少版)》阅读计划表				
日期	章节	阅读内容	阅读体会	自我评价(☆☆☆)

活动二:识一识妖魔鬼怪

1. 制作妖魔"提示卡"。西天取经之路可谓是困难重重,不断有妖魔出来制造困难。你能从书中提取某个妖魔的相关信息,制作妖魔"提示卡"吗?

示例:

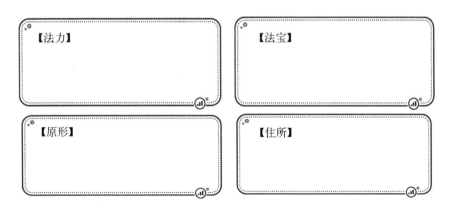

2. 制作更多妖魔"提示卡",和同学玩一玩猜猜妖魔名字的游戏。

活动三：绘一绘取经路线图

1. 画一画。师徒四人一路跋山涉水，去了很多地方，遇到了很多妖魔，留下了无数动人的故事。根据西游的顺序，小组合作绘制一张路线图。图中要呈现地点和事件（遇到的妖怪、遭遇的磨难、结果）的信息。还可以适当加上图画，让取经图更丰富。

提示：为了绘制得更快捷，小组内的成员可以分工合作绘制，完成后拼在一起，成为一幅完整的取经路线图。取经路过的地点填进圆圈里，遇到的事件填在旁边的方框里。

示例：

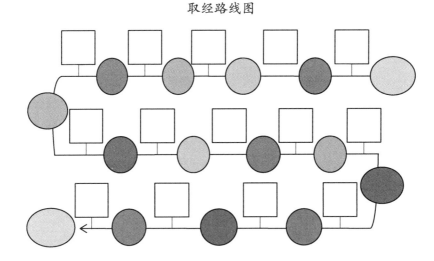

取经路线图

2. 标一标。选出取经路上最艰险的一段经历，在相应的地点旁画个标记。

3. 晒一晒。在班内分享取经路线图，说一说、评一评最艰险的取经经历。

提示：从妖魔的威力值、解决困难的艰险度、对取经团队造成的伤害等方面思考，感受取经之路的艰险。

4. 玩一玩。将"路线图"改成"跳跳棋"，加入"跳跃""退回""等待"等设置，和同学们玩一玩。

【**教学建议**】

1. 指导学生边玩游戏边推进阅读。制作妖魔"提示卡"，猜妖魔名字。在玩的过程中激发学生阅读兴趣，引导学生初步感受取经过程的艰难。

2. 指导学生绘制取经路线图,用图示法提高学生梳理信息的能力。可以围绕"地点""事件"梳理取经过程,绘制路线图,评选最艰险的一次经历,引导学生把握重点内容,深刻体会取经过程的艰难。

任务二:看石猴成佛史

阅读情境:

历经千万磨难,孙悟空终于护送唐僧完成了取经任务。花果山的猴子们准备为孙悟空举办一场"粉丝见面会",让我们一起参与,见证他这一路的成长。

阅读过程:

活动一:画一画成长轴

1. 从一开始的无名石猴到后来受封"斗战胜佛",孙悟空名号发生了很多的变化,说说他都获得过哪些名号。

提示:梳理名号时,注意把握影响孙悟空成长的大事件和他性格的变化。

2. 按照先后顺序将名号进行排序,为孙悟空绘制一根成长轴,包含从他出生到成佛的经历。

3. 借助成长轴,将孙悟空一路成长的过程讲给"空粉们"听。

活动二:比一比三次"出走"

1. 孙悟空的成长之路并不是一帆风顺的,在取经过程中他有三次离开了团队,请你比较三次出走的前因后果,尤其是唐僧和悟空的表现,说说情节的相似处和不同处。

示例:

出走	起因	经过		结果
		唐僧的表现	悟空的反应	
第一次	杀死来抢劫的强盗	大为震怒,责怪悟空不该行凶	受不得气,叫声"老孙去也"消失得无影无踪	悟空受观音指点,自行返回。唐僧骗他戴上了金箍儿。

出走	起因	经过		结果
		唐僧的表现	悟空的反应	
第二次				
第三次				

2. 想一想：三次出走，三次回归，悟空哪些方面有了成长？

提示：从悟空对唐僧的态度、取经的决心等方面思考。

3. 议一议：第一次出走后，唐僧给孙悟空戴上了"金箍儿"，当孙悟空犯错时，唐僧就会念紧箍咒约束他。你认为在悟空的成长过程中，"紧箍咒"有什么意义？

提示：联系书中情节谈谈看法和理由。

我认为：_____

理由：_____

_____

活动三：找一找成长助力者

1. 找一找。从无名石猴到"斗战胜佛"，一路走来，孙悟空受到了许多人的影响。找一找，哪些人促进了悟空的成长，将他们的名字写下来，再和同学比一比，看看谁找到的助力者更多。

提示：从正面促进和反面磨炼两个角度寻找悟空成长的助力者。

2. 分分类。将找到的悟空的成长助力者分分类，填进下面的关系圈中。

师徒圈　　　　　　朋友圈　　　　　　对手圈

3. 辩一辩。三类助力者中哪一类对悟空的成长帮助最大？和同学讨论讨论，并说说理由。

4. 留个言。"粉丝见面会"结束了，你有什么感触呢？在"粉丝留言板"上倾吐一下吧。

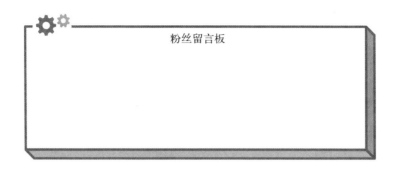

粉丝留言板

【教学建议】

1. 梳理成长轴、比较三次"出走"的活动都要与主题探讨联系起来，引导学生从名号的变化、性格的变化、取经信念的变化等方面由外到内感受悟空的成长。

2. 辨析悟空的成长因素要注意引导学生认识到，悟空取经路上最主要的敌人并不是那些妖魔鬼怪，而是他自己的内心。

3. 寻找悟空成长的助力者，要引导学生发现不同角色对于悟空的帮助，正面促进也好，反面磨炼也罢，这些助力者都使悟空变得越来越坚定。西天取经成功的因素不仅来自悟空个人坚定的信念，还有团队的合作、神仙的帮助、妖魔的磨炼。

任务三：历西天取经难

阅读情境：

《西游记》本身就是一部"真经"，它想象奇特、人物生动、情节曲折，历经400多年不衰，影响遍及全世界。让我们一起探寻《西游记》的叙事密码，开一场"西游故事创演会"吧！

阅读过程：

活动一：赏一赏精彩场景

1. 回读《三打白骨精》的故事，从表格中把握故事的结构密码。

（1）理一理：故事里白骨精有三变，孙悟空有三打，唐僧有三责，请你整理出来。

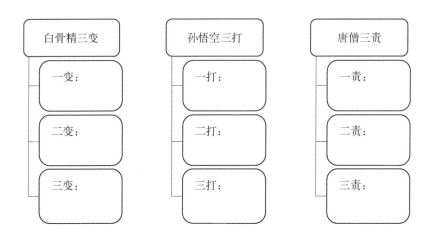

（2）比一比：三次描写有什么相同点和不同点？从结构和内容两个角度总结提炼。

提示：学生自己精读"三打白骨精"部分，发现其结构和语言特点，交流分享自己的阅读感受。

（3）想一想：作者为什么要反复三次呢？

提示：结合"一波三折"的好处思考，不变中有变，相同中有不同。

2. 寻找书中的打斗场面，想想作者是怎样将打斗场面写精彩的。

提示：可以先圈一圈打斗过程中人物的动作，再说一说。

3.《西游记》中有一个非常有趣的现象，不同的人物出场时，背景环境也不相同。

（1）说说不同的环境给你的不同感觉。

（2）猜猜不同的环境中会出现什么样的人物。

（3）摘抄环境描写的句子，写写批注，印证自己的猜测。

4. 发现《西游记》的写作密码，和同学分享一下。

活动二：演一演经典故事

1. 商定西游故事表演方案。

以小组为单位选择喜爱的故事情节,将片段改写成剧本,再进行排练。

2. 讨论故事表演的评价标准,从剧本创作、基本要求、演出效果三个方面拟定评价标准。

评价标准		
项目	标准	等级(☆☆☆)
剧本创作	结构完整	
	情节流畅	
	冲突明显	
基本要求	声音响亮	
	熟练流畅	
	神态自然	
演出效果	人物语气绘声绘色	
	形象模仿惟妙惟肖	
	观众感受入情入境	

3. 举办班级表演会。人人当观众,人人做评委,评选出班级最佳表演剧目和最受欢迎演员。

"西游故事表演会"节目单		
序号	节目名称	表演者

"西游故事表演会"节目单		
序号	节目名称	表演者

4. 举行颁奖活动。给获奖者颁奖,请获奖者分享自己读故事、演故事的经历和经验。有条件的话,将表演视频上传网络,分享给更多的人观看,或在校内校外的活动中公益展演,让更多的人感受到《西游记》的魅力,获得精神的力量。

活动三：写一写西游新故事

1. 创意写作。发挥想象,创编一个西游途中的新故事。

创设一个妖怪,发挥想象写写这个妖怪的居住环境、出场、法器、法力、来历;设置磨难,用"一波三折"的方式写写"降妖伏魔"的曲折过程,重点将一个回合的打斗过程写详细;最后模仿回目给故事取一个吸睛的题目。

2. 改一改。在小组内讲述创编的故事,互提修改建议,不断优化自己的故事。

3. 评一评。推选组内最佳故事在班内讲演,从环境、情节、人物三个方面拟定评价表,评出班级"故事创编大王"。

"新编西游故事"评价标准					
环境(☆☆☆)		情节(☆☆☆)		人物(☆☆☆)	
符合人物身份		一波三折		关系清晰	
渲染出场气氛		冲突明显		形象鲜明	

4. 展一展。将创编的优秀故事整理成册,放在图书馆供人借阅。

【教学建议】

1. 以《三打白骨精》为切入口,抓住"情节"这个点比较三变、三打、三责,解读"反复叙事"的结构密码。通过赏析环境、打斗场景的描写,引导学生了解小说的语言特色,发现写作的密码,为接下来的创编打下基础。

2. 将演绎故事、创编故事这两个活动与对艺术特色和主题的探讨联系起来,感受取经的艰难和作者神奇的想象力、创造力。引导学生在演绎和创编的过程中联结自己的生活,发表自己的阅读体会,在阅读活动中照见自己的成长。

(编写人:江苏省江阴市城中实验小学　狄永红
江苏省江阴市敔山湾实验学校　冯冬梅)

第15讲　伸出你的"天使之手"

——六年级上学期《断喙鸟》"整本书阅读"学习任务群设计

→ 一、主题与内容

（一）文本解读

《断喙鸟》是纳桑尼·拉胥梅耶与罗伯特·英潘合作的作品。作者以平实质朴的语言,讲述了一只断喙的小麻雀与一位无家可归的流浪汉相识、相知、相惜的感人故事。画家罗伯特以写实的绘画手法,让我们看到了断喙鸟的落寞和流浪汉的孤独,同时又以饱蘸温情的画笔传递着希望。作者想通过这个故事,呼吁整个社会尊重和关怀所有遭遇不幸的弱势群体。

（二）主题确定

"断喙鸟"一语双关,不仅指像断喙的麻雀那样外表有缺陷的人,也指像流浪汉那样生活有缺憾的人。我们每个人都有可能经历"断喙之痛"。面对他人的"断喙",我们会是愿意伸出援手帮助他们的人吗？我们又该如何面对自己的"断喙"？通过绘本的阅读,希望在孩子的心田上播下一颗尊重和关爱他人的种子,引导他们懂得每一个"断喙"的生命都应该被温柔对待。因此,我们将绘本《断喙鸟》的主题确定为：伸出你的"天使之手"。

（三）资源链接

拓展阅读相关主题的绘本,如《好好爱阿迪》《看不见》《谢谢你,塔莎》,以及史铁生的散文《秋天的怀念》等。

阅读目标	阅读评价
感受"断喙之痛"：绘制断喙鸟的生活轨迹图，讲述断喙鸟的故事；从不同角度感受"断喙之痛"。	能够绘制断喙鸟的生活轨迹图，抓住关键事件讲述断喙鸟的故事。
	能从身体之痛、心理之痛等不同的角度提取梳理文字信息，感受"断喙之痛"。
	能从图画的光线、色彩等变化中感受"断喙之痛"。
领悟"天使之爱"：从文字与画面中感受断喙鸟与流浪汉之间的爱与关怀，并借助背景资料，深入理解主题。	能关注文字细节，品读断喙鸟和流浪汉之间的惺惺相惜。
	能为特写镜头配上画外音，能在画面留白处通过补白想象，表现爱的主题。
	能联结作者背景资料，深入理解绘本主题。
伸出"天使之手"："看见"不幸，给予爱与尊重。	能主动阅读相关主题的绘本，比较异同。
	能积极参与调查采访等实践活动，完成调查问卷。
	能用倡议书的形式呼吁大家伸出"天使之手"，并做一名践行者。

➡ 三、情境与任务

（一）阅读情境

1. 情境：

当他人遭遇不幸，我们可以为他们做些什么？让我们一起走进《断喙鸟》，你一定能从书中汲取温暖和力量。

2. 角色：

以体验者的身份，走进断喙鸟和流浪汉的世界，体会"断喙之痛"，理解人物之间惺惺相惜之情。

以践行者的身份，关注身边像"断喙鸟"一样的人，用恰当的方式表达爱与尊重。

（二）任务框架

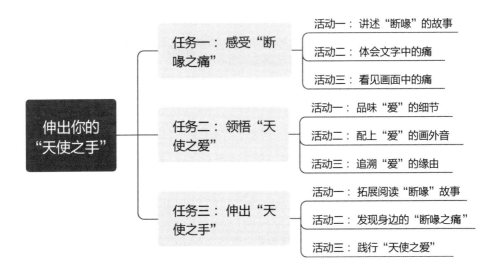

（三）任务说明

1. 主题统领：围绕"爱与尊重"的主题，设计层级性任务。首先，引导学生通过读懂绘本，感悟断喙鸟、流浪汉的"断喙之痛"与互助之爱；再联系生活，开展"看见断喙"的实践活动，表达对弱势群体的关爱。从绘本走向生活，帮助学生进一步深入理解绘本的主题。

2. 策略支持：一是引导学生运用浏览、精读等多种阅读方法，关注整本书叙事结构，借助生活轨迹图等阅读单来进行梳理和探究式学习。二是引导学生运用联结对比、聚焦特写镜头、补白想象等策略，感受作家的语言风格和画家的绘画风格。三是通过调查、采访等社会实践让学生关注身边有"断喙"经历的人，伸出"天使之手"。

3. 时间分配：

时间	形式	任务
1 课时	自主阅读与分享交流	完成任务一
1 课时	精读交流分享	完成任务二
1 周(课外)＋1 课时	社会实践与分享交流	完成任务三

-------------------- ➡ 四、活动与建议 --------------------

任务一：感受"断喙之痛"

阅读情境：

《断喙鸟》里的小麻雀和流浪汉是怎样对待生活的？相遇后又发生了怎样的故事？

阅读过程：

活动一：讲述"断喙"的故事

1. 自主阅读绘本,绘制断喙鸟的"生活轨迹图"。

提示：抓住关键事件梳理断喙鸟的人生经历,突出其中的三个关键事件。

2. 借助"生活轨迹图",按照时间顺序,抓住关键事件,讲述断喙鸟的故事。

提示：抓住"断喙前""断喙后""遇到流浪汉后"三个表示时间的短语,把断喙鸟跌宕起伏的人生经历讲清楚。

示例：

曾经,有一只小麻雀,飞翔姿态优美,抢食动作敏捷,总能比同伴抢到更好的面包屑。然而有一天早上醒来,它发现自己的喙竟然断了。因为无法觅食,身体日益瘦弱,同伴纷纷远离它,人们也无视它的存在,断喙鸟因此落入了绝望的深渊。一天,流浪汉出现了,他拿着面包喂给小鸟吃。从此断喙鸟和流浪汉成了朋友,相依为命。

活动二：体会文字中的痛

1. 体会麻雀的"断喙之痛"。

（1）找找相关文字,体会麻雀的"断喙之痛"。

（2）交流对痛的感受。

说说故事中哪些地方让你感到心痛,可以从外在的痛和内在的痛等方面,多角度理解"断喙之痛"。

（3）小结：因为断喙无法啄食,小麻雀饥饿难耐、瘦弱不堪,这是因饥饿导致的身体之痛。再加上内心的害怕、悲伤,同伴和人们对它的漠视、歧视,导致它内心痛苦不堪。身体和心理两方面的痛苦,让断喙鸟陷入了绝望的深渊。

（4）朗读这些句子,读出痛的感受。

2. 体会流浪汉的"断喙之痛"。

（1）理解流浪汉说的"我们是同类啊"的意思。

提示：寻找他们相似的地方。

要点：外貌——肮脏、瘦弱

内心——饥饿、悲伤、寂寞、痛苦、无助

（2）想象流浪汉的"断喙"遭遇。

提示：流浪汉的"断喙"遭遇文中没有写,猜猜他可能遭遇了什么?

示例：

或许是因为身体有残疾,无法正常生活,只能露宿街头,到处乞讨。

或许是遭受重大的打击,精神失常,无家可归。

……

活动三：看见画面中的痛

1. 再读绘本,从画面中感受"断喙之痛"。

提示：读绘本既要读文字,也要学会读图,关注画面前后的对比、特写镜头及画面中的留白。

2. 交流。

（1）从前后画面的对比中感受麻雀的"断喙之痛"。

① 对比麻雀断喙前后身体姿态的变化,说说你的发现。

示例：

	麻雀断喙前	毛色鲜亮 身材丰满而结实 优美而矫健 尾巴翘起	断喙让麻雀走向痛苦的深渊，它的生命失去了光彩。
身体姿态	麻雀断喙后	羽毛暗淡 胸膛凹陷 双腿枯细 尾巴低垂	

② 对比书中光线色彩的变化，说说你的发现。

示例：

	麻雀断喙前	温暖的阳光	在明暗冷暖的无声变化中，我们仿佛听到失落的唏嘘、痛苦的呐喊。
光线色彩	麻雀断喙后	阴冷的灰色	

（2）从特写镜头中感受"断喙之痛"。

提示：聚焦书中有关麻雀的特写镜头，你能从它断喙后的眼神中读出什么？

示例：

它的眼神中有盈盈的泪水，似乎在诉说着内心的孤独无助。

（3）从画面留白中感受"断喙之痛"。

提示：仔细观察图画，你会发现画面中有大量的留白。说说大片的留白给你什么感觉，你从中能体会到断喙鸟和流浪汉怎样的内心想法？

示例：

	麻雀	透露出断喙鸟的孤独和落魄。
画面留白	流浪汉	仿佛隐隐诉说着流浪汉的伤感和寂寞。

【教学建议】

1. 通过提取重要信息，绘制断喙鸟的生活轨迹图。可以引导学生抓住"断喙前""断喙后""遇到流浪汉后"这三个关键时间点,用线条勾画的方式绘制断喙鸟的生活轨迹图。引导学生发现影响断喙鸟的关键事件是"断喙"和"遇到流浪汉",从而理解人生有起有落,并不是一帆风顺的道理。

2. 通过图文对比,感受"断喙之痛"。对比是读绘本的一种重要方式。运用对比读图的方式,观察鸟儿断喙前和断喙后身体姿态和画面光线色彩的变化,进一步体会小麻雀的"断喙之痛"。对比描写断喙鸟和流浪汉的文字,体会人与鸟的共同之处,从而进一步理解"断喙"的含义。

任务二：领悟"天使之爱"

阅读情境：

《断喙鸟》的动人之处,就在于"看见"。小麻雀看见了流浪汉内心的"断喙",看出他的悲伤寂寞;流浪汉也看见了它的断喙,看见了它的瘦小孤独。两个卑微的生命创造和传递着爱,让我们一起走进这充满爱的世界。

阅读过程：

活动一：品味"爱"的细节

1. 品味流浪汉举动中的爱意。

断喙鸟与流浪汉之间的那份爱与关怀令人动容。流浪汉的哪些举动让你感动,说说你感受到了什么?

提示：关注三处描写"手"的语句。可以从一连串手的动作中感受到两个天涯沦落者同病相怜,相互接纳,相依为命。

2. 体会"唧唧"叫声中的幸福。

(1) 细细读文,你会发现文中多处写到了麻雀的叫声,找出来读一读,你仿佛听见它在说什么?

(2) 从小鸟的不同叫声中,我们能感受到它因为与流浪汉相遇,生命有了色彩,从悲伤绝望走向了快乐幸福。试着读读这些句子,读出小鸟内心幸福的感觉。

3. 感受画面色彩变化中的爱意。

提示：小鸟在"说话",画面也在"说话"。看看图,你从色彩变化中感受到什么?

活动二: 配上"爱"的画外音

1. 找一找"天使之手"。

提示: 绘本中让断喙鸟的生命发生转机的是一只手的出现, 这是一个特写镜头, 找一找, 说说你的体会。

2. 配上"爱"的画外音。

(1) 观察"天使之手"。

仔细观察书中流浪汉的手, 你看到的是一只怎样的手? 再看看这只手的主人, 联系流浪汉的形象和"断喙之痛", 说说这还是一只怎样的手? 给画面配上画外音。

> **"爱"的画外音**
>
> 这是一只_____的手,
>
> 它_____。
>
> 正是这只手_____,
>
> 这是一只_____的手。

(2) 观察"手托小鸟"的画面。

流浪汉伸出手来, 小鸟落在了他的手指上。如果你走近一点还能听见流浪汉在对小鸟说话, 而小鸟也唧唧作答。你觉得他们在说什么?

> **"爱"的画外音**
>
> 流浪汉: 亲爱的小鸟, 你吃饱了吗?
>
> 小鸟: 唧唧, 我已经好久没吃这么饱了。
>
> 流浪汉: _____
>
> 小鸟: _____
>
> 流浪汉: _____
>
> 小鸟: _____

3. 写一写"爱"的憧憬。

提示：没有"断喙"的世界是怎样的？如何建造一个没有"断喙"的世界？用一两句凝练的话写一写。

示例：

不完美的世界里更需要爱与认同。

当生命遭遇不幸，我们要选择勇敢面对。

活动三：追溯"爱"的缘由

1. 猜一猜作者的创作意图。

你知道这个故事的作者是谁吗？猜一猜作者为什么要创作这个故事？

2. 查找资料，理解作者的创作缘由。

3. 理解书名的含义。

【教学建议】

1. 细读图文，感悟爱的细节。既要品读文字中爱的细节，如流浪汉的举动、麻雀的三次唧唧的叫声，也要关注图画，如画面色彩的变化，从中感受到流淌在文字与画面中的温暖和爱。

2. 抓住特写镜头，补白想象，理解主题。关注"天使之手"，这是断喙鸟生命的转机。聚焦特写镜头，给画面补白，从不同的角度写一写"爱"的画外音，走进人物的内心，更加深入地体会"天使之手"带给小鸟爱的温暖，以及人与鸟之间相互慰藉的幸福。

任务三：伸出"天使之手"

阅读情境：

对一个人来说，"看见"是一种能力。其实，在我们身边也有像断喙鸟一样的人，需要我们伸出"天使之手"，给予力所能及的帮助。

阅读过程：

活动一：拓展阅读"断喙"故事

1. 拓展阅读。

读一读绘本《好好爱阿迪》，品一品史铁生的《秋天的怀念》，翻一翻小说《金鱼男孩》……阅读会让你的心变得更柔软。

提示：可以组成阅读小组一起读一读，可以和爸爸妈妈来一次亲子共读，读完之后聊一聊感受。

2. 以图表的形式梳理自己的阅读感受。

示例：

阅读书目	主人公	受到的痛	得到的爱
《好好爱阿迪》	阿迪	唐氏综合征	妈妈嘱咐琪琪要好好对待阿迪。琪琪重新认识了内心丰富的阿迪，他们成为好朋友。

活动二：发现身边的"断喙之痛"

1. 了解关于"弱势群体"的相关信息，交流感受。

自主浏览新闻网站、报纸，搜集关于"弱势群体"的相关信息，和同学、老师、家人分享你的感受。

2. 用调查问卷的形式发现身边的"断喙之痛"，交流感受。

示例：

问卷调查

您好，请根据个人情况如实填写。所有问题均采取匿名的方式搜集，感谢您的参与！

请根据您的实际情况打"√"

您见过身体有残疾的动物吗？ □见过 □没见过

如果遇到这样的动物，您愿意帮助它们吗？ □愿意 □不愿意 □不确定

您见过身体有残疾的人吗？ □有 □没有

您尝试过帮助身体有残疾的人吗？ □有 □没有

您感到难过无助、需要别人帮助时，有人帮助过您吗？ □有 □没有

活动三：践行"天使之爱"

1. 开启"回忆盒子"。

回忆一下，你一定也有过需要别人帮助的时刻，可能是身体上的，也可能是心灵上的，写一写当时发生了什么，那时你希望得到怎样的支持，写好之后放在盒子里。老师随机从盒子里抽出纸条，以匿名的形式全班交流。

2. 呼唤"天使之手"。

为了让我们生活的这个学校、社会更加美好，我们可以通过倡议书的形式呼唤更多的人伸出"天使之手"，去温暖他人，同时也丰满自己的人生。

3. 践行"天使之爱"。

（1）开展爱心活动。

提示：选择需要关心的群体，组织相关活动，可以是救助流浪小动物、给孤寡老人送温暖等。

（2）学写践行日记。

提示：在"天使之爱"的活动中，我们听见了彼此的心声，相信你一定已经伸出你的"天使之手"温暖过他人。把故事写下来，讲给更多的人听，也可以交给岁月，珍藏起来。或许在某个时刻，这段文字会成为一束温暖自己、照亮他人的光。

【教学建议】

1. 通过问卷调查的形式发现身边的"断喙之痛"。学生在做问卷调查的过程中，能看见身边人的"断喙之痛"，对他们多一分理解。通过倡议可以让更多的人学会尊重、关爱他人，延展本书的阅读意义。

2. 通过充分实践彰显绘本的阅读意义。绘本故事虽然简单，但故事背后的人文关怀却引人深思，以上活动是一次综合的、实践的阅读活动，要引导学生"动起来"，积极地去感受人与人之间的理解、信任。

（编写人：江苏省江阴市澄江中心小学　顾慧丽
江苏省江阴市大桥中心小学　冷凌元）

第16讲 苦难与成长

——六年级上学期《童年》"整本书阅读"学习任务群设计

一、主题与内容

（一）文本解读

《童年》是苏联作家高尔基以自身经历为原型创作的自传体小说三部曲中的第一部。小说中主人公阿廖沙的童年充满着"苦难"。阿廖沙三岁丧父，跟随母亲来到专横跋扈、濒临破产的小染坊主的外祖父家，过着寄人篱下的生活。他经常遭受暴戾的外祖父的毒打。两个自私、贪得无厌的舅舅为了分家，吵架斗殴，甚至打得头破血流。母亲再婚后生活不幸福，经常挨继父打。小说从儿童与成人的双重视角叙述了阿廖沙幼年时痛苦的生活，实际反映了作家童年时代的艰难生活及对光明与真理的不懈追求。

（二）主题确定

艾布拉姆斯在《文学术语词典》中提出："苦难在儿童的成长过程中具有仪式化作用，是儿童成长到一个新阶段的'接口'。在苦难危机的催化作用下，成长主体获取成长驱动力，才能形成小说中的'上升式'情节。"小说《童年》中的"苦难"所营造出来的压抑感与窒息感比较强烈，要引导学生正视"苦难"带来的阅读不适感，透视"苦难"带给人物成长的磨砺。学生读这类成长小说，不仅是读他人的悲苦，读他人的成长，更要从他人读到自我，实现自我心灵的蜕变。学生走进《童年》，与主人公一起经历磨难与痛苦，从中汲取成长的智慧与力量。因此，《童年》的阅读主题确定为：苦难与成长。

（三）资源链接

故事发生的时代距离学生较远，可以借助《穷人》等课文，以及由小说《童年》

改编成的影视作品、连环画等，进行关联性阅读，从而缩短认知距离。

每个人的童年成长经历各有不同。可以鼓励有兴趣的同学阅读高尔基的其他两本自传体小说——《在人间》《我的大学》，了解他的后期成长经历。还可以展开《童年》与《爱的教育》的比较阅读，感受不同的教育方式、生活经历带来的不同结果。

➡ 二、目标与评价

阅读目标	阅读评价
了解成长大事：梳理阿廖沙成长过程中的关键事件。	能初步提炼出阿廖沙童年成长中的关键事件。
	能自由选择表格、成长梯、思维导图等中的一种方式简单梳理阿廖沙的"成长大事记"。
厘清人物关系：认识阿廖沙成长过程中出现的人物，体会关键人物对阿廖沙成长的不同影响。	能抓住外貌的主要特征尝试绘制人物肖像画或介绍人物。
	能从"人物出场的顺序""好人与坏人""对手与队友"等自由选择一个角度进行排列。
	能用鱼骨图、环形图等中的一种方式初步呈现小说中的人物关系。
定格成长风景：关注阿廖沙搬家的经历，探讨阿廖沙成长环境与心境的变化。	能尝试在相关图画书和影视作品中选取主要场景，展示阿廖沙"成长环境"的特点。
	能初步感受色调与人物心情的关系。
形成成长感悟：从阿廖沙的成长经历中看到自己的成长，与大家分享读后感。	能尝试通过一些简单的图表梳理自己成长路上重要的人、事、景。
	能简要概括小说内容，将他人的故事、自己的感受与自己的生活相互联结。
	能照见自己的成长，形成感悟，提升自我认知。

（一）阅读情境

1. 情境：

在班级里举办"成长面对面"的活动。

2. 角色：

以见证者的身份，走进阿廖沙童年生活的时代和场景，见证阿廖沙在苦难中的精神成长。

以亲历者的身份，联系自己童年生活的点点滴滴，寻找到自己成长中的关键事件、关键人物和关键场景，找到自己成长的密码。

（二）任务框架

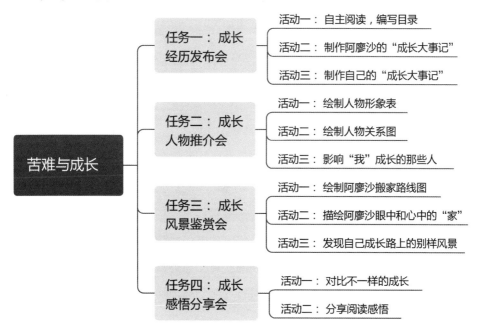

（三）任务说明

1. 主题统领：《童年》讲述的是阿廖沙在苦难中成长的故事，"苦难与成长"

是这本书的主题。学生在小说和现实的不断比照过程中寻找人物成长的轨迹，发现成长的密码。

2. 策略支持：一是引导学生运用浏览、略读、精读等多种阅读方法，关注书中整体与局部、局部与局部之间的关系，形成结构化阅读。二是引导学生借助人物关系图、人物成长梯等阅读单进行梳理和探究。三是采用预测、推想等多种阅读策略，引导学生关注小说中情节、人物、环境之间的关联，在阅读中发现自己生活的影子，进行探究式阅读。

3. 时间分配：

时 间	形 式	任 务
2周(课外)	沉浸式自主阅读	按照计划有序阅读，编写故事目录
1课时	交流式分享阅读	完成任务一
1课时		完成任务二
1课时	交流式分享阅读	完成任务三
1课时		完成任务四

四、活动与建议

任务一：成长经历发布会

阅读情境：

读成长小说，我们不仅要阅读别人的成长经历，更要发现人物成长背后的力量，关联自己的成长故事，寻找自己成长的轨迹。如果我们能将别人的和自己的成长经历通过"成长经历发布会"的形式进行交流分享，便可以获取更多的成长智慧。

阅读过程：

活动一：自主阅读，编写目录

1. 发布阅读书目，依据阅读要求，学生自主制订阅读时间表。

提示：根据阅读的要求，合理安排每天阅读的时间，一般 2 周左右读完。

示例：

阅读时间表

阅读时间	阅读章节	阅读感受

2. 根据主要人物和主要事件试着给每一个章节概括一个标题。

示例：

第一章：父亲去世　　第二章：阿廖沙挨打　　第三章：染坊失火

第四章：外祖父的回忆　第五章：米哈依尔舅舅　第六章：外祖母的上帝

第七章：妈妈回来了　　第八章：爸爸的故事　　第九章：妈妈改嫁

第十章：回到外祖母家

3. 借助标题，试着将各章节的内容连起来，简单说一说《童年》的故事梗概。

活动二：制作阿廖沙的"成长大事记"

1. 交流和梳理阿廖沙成长中的关键事件。

示例：

① 多次被外祖父毒打。

② 家庭成员之间无休止地争吵。

③ 父亲和母亲离世，小茨冈惨死。

④ 母亲改嫁。

⑤ 不断地搬家。

……

2. 选择一种自己熟悉的方式，制作阿廖沙的"成长大事记"。

示例：根据时间顺序选取关键事件，完成阿廖沙的"人物成长梯"。

被外祖父遗弃后的生活：

继父家的生活：

外祖父家的生活：

自己家的生活：

3. 探讨阿廖沙的苦难与成长。

（1）探讨发现阿廖沙的成长过程中充满了苦难，虽然也有欢乐，但泪水比欢乐多得多。

（2）探讨关键事件对阿廖沙的影响，发现幼小的阿廖沙早早地就体会到了人间的痛苦和丑恶，阿廖沙在苦难中学会了坚强，在苦难中不断地成长。

活动三：制作自己的"成长大事记"

1. 师生探讨：读了别人的成长故事，你可以从哪些方面得到启示？

2. 学生回忆自己成长过程中的"笑与泪"，把成长过程中的关键事件按时间顺序梳理出来，制作自己的"成长大事记"。

3. 按照"影响的重要性"，尝试给自己成长过程中的关键事件排排序，并选择一件最重要的事件，说一说这件事对自己成长的影响。

【教学建议】

1. 按照一定角度制作阿廖沙的"成长大事记"，体会阿廖沙虽然经历着苦难，但他始终保持着对生活的信心和勇气。

2. 联系自我，汲取成长力量。学以致用，引导学生回忆并尝试编写自己的"成长大事记"，学会辩证地看待苦难与成长之间的关系，更好地汲取成长的智慧与力量。

任务二：成长人物推介会

阅读情境：

在成长的道路上，我们会遇到形形色色的人物。他们可能是你成长路上的队友，也可能是你的对手。一切的相遇，都是你成长路上的财富，要学会用理性的眼光看待别人对你的影响，让我们一起走进"成长人物推介会"。

阅读过程：

活动一：绘制人物形象表

1. 填一填人物形象表：选择自己感兴趣的一个人物，完成人物形象表的填写。

提示：根据小说中对人物肖像的描写和自己的阅读感受绘制人物肖像画，可以用不同风格呈现，注意色彩与人物形象的关联。

人物姓名：	人物画像：
人物言行：	
人物性格：	

2. 辩一辩人物画像图：把自己绘制的画像与《童年》连环画或影视作品中的人物进行比较，说说哪个形象最能反映人物性格特点。

提示：关注人物外在形象与内在性格之间的关联。

活动二：绘制人物关系图

1. 自由选择下面的一个角度，绘制人物关系图。

（1）角度一：按照人物出场的顺序排列。

（2）角度二：按照与主人公阿廖沙的亲疏关系排列。

示例：人物关系环形图

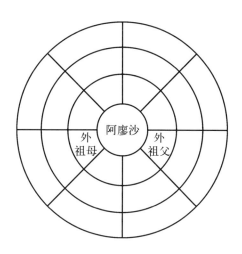

① 将书中出现在阿廖沙身边,对他产生重要影响的人物填入第一环。

② 这些人物主要做了哪些事?选取1—2件事填入第二环。

③ 将你对这个人物的评价填入第三环。

(3) 角度三:按照书中对"两个上帝"的理解排列。

提示:

作者在第七章以"两个上帝"为主题,用大量笔墨描写了外祖父与外祖母心中不同的上帝,探讨对"两个上帝"的理解。可以根据"两个上帝"的特征给人物分类,绘制人物关系图。

2. 找一找阿廖沙成长路上的引路人。

我们知道童年的阿廖沙经历了无数苦难,但在如此艰难困苦、令人窒息的环境中,阿廖沙不但没有被压垮,反而成长为一个坚强、勇敢、善良的人。哪些人对阿廖沙的成长起了引导作用?

(1) 填一填:阿廖沙成长引路人影响值坐标图。

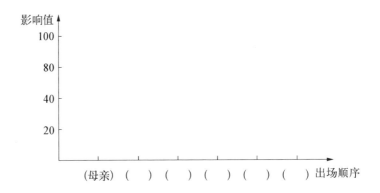

交流:我认为_____对阿廖沙成长的影响值为_____,因为_____。

提示:通过"坐标图"来寻找阿廖沙成长过程中的引路人,以人物出场顺序为横坐标,以对阿廖沙成长影响值为纵坐标,结合具体事例阐明你的判断。

(2) 辩一辩:外祖父是不是阿廖沙的引路人。

人们普遍认为外祖父自私、贪婪、残暴,是阿廖沙成长道路上的阻碍者。但还有一种观点认为如果阿廖沙在童年时期遇见的都是外祖母这样的引导者,他也无法走上独立的道路。从这个意义来说,外祖父也是阿廖沙成长的助推者。你是否认可这种观点?请结合具体事例谈一谈。

提示:小组交流感受,将不同声音记录下来,形成自己的理性判断。

3. 结合"快乐读书吧"中关于人物形象的内容,交流关键人物对阿廖沙成长产生的影响,并开展"阿廖沙成长路上的关键人物"推介会。

活动三:影响"我"成长的那些人

1. 结合自己的成长经历,谈谈生活中有哪些人对自己的成长产生了重大的影响。

提示:可以是成长道路上的队友,也可以是对手。

2. 根据与自己的关系,或者按照"对手"和"队友"等角度将这些人物进行分类,尝试绘制自己的人物关系图。

提示:运用填写阿廖沙成长过程中人物关系图的经验,梳理自己成长道路上形形色色的人物,形成自己的人物关系图。

3. 选择其中最重要的一个人,说说他对自己成长的影响。

【教学建议】

1. 厘清人物关系要与主题探讨结合起来。可以从阿廖沙的家人、朋友等角度梳理和绘制人物关系图,然后集中探讨"两个上帝"对阿廖沙成长的影响。

2. 理性看待"引路人"的作用。学生结合自己的成长经历,谈谈生活中有哪些人对自己的成长产生了重大的影响,看清成长路上对手和队友的不同作用。

任务三:成长风景鉴赏会

阅读情境:

在成长的过程中,我们要学会用心去欣赏一路的风景,一起来一场"成长风景鉴赏会"。

阅读过程:

活动一:绘制阿廖沙搬家路线图

1. 阅读时,找出阿廖沙搬家的次数和地点,在书上做好标记。

2. 绘制阿廖沙搬家路线图。

示例：

昏暗狭小的屋子——→外祖父家(染坊)——→波列街的一幢漂亮的大宅子——→缆索街一处漂亮可爱的新宅——→冰冷的地下室——→继父家——→库娜维诺的砂石街一幢两层楼房里的小房间。

活动二：描绘阿廖沙眼中和心中的"家"

1. 根据阅读标记,找出小说中描写不同的"家"的片段,用自己的话描述阿廖沙眼中的"家"。

提示：按照一定顺序表达,关注色调的变化。

2. 结合阿廖沙的成长经历,探讨他每次搬家的原因和当时的心情,填一填阿廖沙搬家心情指数图。

心情指数							
	昏暗狭小的屋子	外祖父家(染坊)	波列街的一幢漂亮的大宅子	缆索街一处漂亮可爱的新宅	冰冷的地下室	继父家	库娜维诺的砂石街一幢两层楼房里的小房间
搬家原因							

提示：面对一次次家庭变故,阿廖沙对"家"的认识不断变化。阿廖沙对"家"的认识与他的遭遇和心中的情绪有着密切的关系。

3. 能够根据人物成长过程中的景物描写,尝试从网络和书籍中选取风景图,展现人物成长的意味。

活动三：发现自己成长路上的别样风景

1. 在自己的相册中选取能够代表自己成长瞬间的照片。

提示：寻找和梳理自己成长过程中记忆深刻的生活场景。

2. 欣赏自己成长照片中的别样风景。

提示：用"爱"的眼睛去发现成长中别样美景。

【教学建议】

《童年》中的阿廖沙不断地在搬家,他对"家"的认识与他的遭遇和心中的情绪有着密切的关系。引导学生结合具体事件发现：面对一次次的搬家,面对家庭的变故,阿廖沙对"家"的认识在不断地变化。在这个过程中,他获得了成长。

任务四:成长感悟分享会

阅读情境:

成长是不断地遇见,遇见别人的故事,遇见自己的生活。成长是勇敢地面对,面对欢笑,面对泪水。每个人的成长都是独一无二的,我们不妨来一场"成长感悟分享会",分享我们的阅读收获,分享我们的成长经历。

阅读过程:

活动一:对比不一样的成长

1. 教师出示《爱的教育》的封面和目录,引导学生比较安利柯与阿廖沙的成长经历有何不同。

提示:从生活环境、成长方式和人物性格等方面进行比较。

2. 引导感兴趣的同学重读《爱的教育》,尝试用"成长大事记""人物关系图""成长风景画"等方式制作主人公安利柯的成长记录卡。

活动二:分享阅读感悟

1. 选择分享主题:分享交流,说说自己的成长经历和故事,并结合阅读《童年》的体验,确定一个主题写读后感。

提示:可以从"苦难与成长""对手与队友""感恩成长路上的引路人"等角度确立分享主题。

2. 绘制习作提纲:对接五年级写读后感的习作经验,依据主题,绘制读后感的习作提纲。

提示:可以先结合《童年》的故事梗概介绍小说的内容和特点,依据主题重点介绍自己印象最深刻的部分;接着继续围绕主题,根据自己的认识和收集的相关资料进行分析、评价,可以引用书中的语句;再次聚焦主题,结合自己的成长经历,谈谈自己的感想和体会,要真实、具体。

3. 自由完成习作:根据习作提纲,结合自己的阅读感悟和成长体会,完成读后感。

提示:要将自己的成长感悟和故事与阅读相结合。从别人的故事中获得启示,让别人的经历成为自己成长的一面镜子。

4. 分享成长感悟：全班同学进行读后感的交流和分享，从别人的成长感悟中汲取力量，发现成长的密码。

提示：完成的读后感可以放到自己的成长记录卡中，也可以全班汇编成一本成长集，成长集的标题由全班同学讨论确定。

【教学建议】

1. 开展群书阅读。比较阅读《爱的教育》与《童年》，引导学生发现两位主人公在童年时不一样的成长经历，做人物成长记录卡。

2. 用读后感的方式写成长感悟。指导学生根据阅读《童年》的经历，联系自己的成长，发表阅读体会，让学生在故事的阅读中照见自己的成长。

（编写人：江苏省江阴市夏港实验小学　蔡海峰）

第17讲　行走在历史文化街

——六年级上学期《上下五千年(上)》"整本书阅读"
学习任务群设计

→ 一、主题与内容

（一）文本解读

现代著名教育家林汉达等编著的《上下五千年》是优秀的少儿历史读物。这部书把历史人物、历史事件用时间线索连接起来,上下连贯,浑然一体。整部书史实准确,内容精彩,故事性强。

这部书分上中下三册,其中上册讲述的是远古时代至三国时期的历史,展现了神秘的远古文明,再现了灿烂的先秦文化,谱写了壮丽的秦汉历史,重现了英雄辈出的三国时代。这段历史波澜壮阔,神秘而又精彩,辉煌而又厚重,值得每一位小学生认真阅读,深入了解。

（二）主题确定

引导小学生阅读历史故事,了解祖国悠久的发展历程,感受民族文化的博大精深,不仅能提高学生的语文素养,更能涵养其精神世界,培育爱国主义情感。历史在大多数学生的印象中是久远的,是神秘有趣的。教师可以把厚重而深邃的历史用"行走"的方式呈现在学生面前,带领学生穿越历史,来一次跨越千年的旅行。因此《上下五千年(上)》"整本书阅读"的主题确定为:行走在历史文化街。

（三）资源链接

可拓展阅读《写给儿童的中国历史》《汤小团漫游中国历史》等书籍。

阅读目标	阅读评价
知历史发展,了解历史知识	能了解关键历史时间,重大历史事件,重要历史人物等知识。
	能绘制"历史大事记"时间轴。
讲历史故事,传承历史文化	能介绍历史名人与标志性物品,了解背后的历史故事。
	能扮演历史人物,用第一人称讲述历史故事。
评历史人物,汲取历史智慧	能制作历史人物推荐卡(包括头像、生平事迹、推荐语等)。
	能用书信的方式与历史人物对话。

三、情境与任务

(一) 阅读情境

1. 情境:

读史明智,读史明理,让我们来一场说走就走的"历史旅行"。

2. 角色:

以旅行者的身份阅读《上下五千年(上)》,了解中华历史的进程与发展,知道重大的历史事件,认识著名的历史人物,在"游学"中积累更多的历史知识。

以传承者的身份,研读历史,梳理"历史大事记",介绍历史名人、标志性物品等,讲述历史故事,成为历史文化的小小传承人。

（二）任务框架

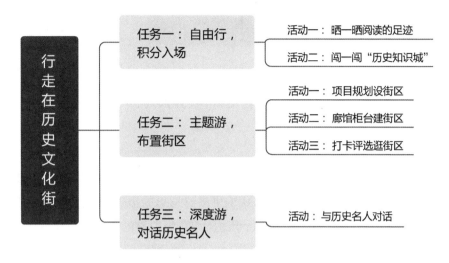

（三）任务说明

1. 主题统领：历史厚重而绵长，可以用"行走在历史文化街"这个学习情境促使学生有兴趣、有目的、有策略地阅读历史书。阅读主题以历史文化街为经，以重大历史事件、重要历史人物为纬，学生在"逛逛历史文化街"的任务驱动下知历史发展、讲历史故事、评历史人物，把阅读与任务融通起来。学生可以在历史文化街的"时间廊"里梳理"历史大事记"，可以在"名人馆"制作"俊杰推荐卡"，可以在"名品柜"遴选"镇馆之宝"，可以在小舞台扮演历史人物、讲述历史故事。

2. 策略支持：引导学生通过检索性阅读，学会梳理《上下五千年（上）》中的关键历史时间、重大历史事件、重要历史人物等；通过理解性阅读，学习制作历史人物名片；通过演绎性阅读，让历史人物从书中走出来；最后以书信的方式与历史人物展开深度对话。

3. 时间分配：

时间	形式	任务
2周（课外）＋1课时	自主式阅读	完成任务一
3课时＋1周（课外）	研究式阅读	完成任务二
2课时	汇报式阅读	完成任务三

任务一：自由行，积分入场

阅读情境：

中国有上下五千年悠久的历史，让我们像旅行者一样穿越历史，逛逛历史文化街，去了解更多有趣的历史故事，认识更多有意思的历史人物。请你走进《上下五千年（上）》，自由地行走在每一个历史时期，用积累的历史知识获取历史文化街的"游学入场券"吧。

阅读过程：

活动一：晒一晒阅读的足迹

1. 发布阅读书目，学生制订《上下五千年（上）》阅读计划表，自主阅读。

提示：根据阅读要求，合理安排每天阅读的时间和章节，一般 2 周读完。

示例：

《上下五千年（上）》阅读计划表

阅读时间	阅读章节	最喜欢的故事或人物	阅读感受

2. 学生用自己喜欢的方式呈现阅读收获，留下阅读足迹。

提示：可以绘思维导图，做读书小报等。

3."阅读足迹"积分评价标准：

项目	评价标准	积分
阅读计划表	阅读完整,进度适中	5
	感受具体,个性表达	5
阅读足迹	主题明确,内容丰富	5
	表述清晰,制作美观	5
自评分		
互评分		
教师评分		

活动二：闯一闯"历史知识城"

同学们,我们利用 2 周时间读完了《上下五千年(上)》这本书,用自己喜欢的方式留下了阅读的足迹,获得了"初始积分"。接下来,你们可以组队在"历史知识城"的三个站台获得积分。积累足够的积分,你们将获得历史文化街的"游园入场券"。让我们出发吧!

1. 第一关：扭转时空。

规则：按时间顺序给历史事件和人物排序,正确得 5 分。

第一组：巧布火牛阵	火烧连营	赤壁布火阵
第二组：张骞探险	晏子使楚	姜尚钓鱼
第三组：官渡之战	崤山大战	涿鹿大战
第四组：华佗	扁鹊	张仲景
第五组：《说文解字》	《论语》	《史记》
第六组：李冰修建都江堰	蔡伦改进造纸术	大禹治水

2. 第二关：你演我猜。

规则：两人一组,一位队员用动作描述历史事件,另外一位队员背对着屏幕猜成语。计时 3 分钟,以猜对的成语个数计分,比一比哪组得分高。

春秋题库：一鼓作气 唇亡齿寒 退避三舍

战国题库：负荆请罪 纸上谈兵 毛遂自荐

秦朝题库：破釜沉舟 暗度陈仓 四面楚歌

汉朝题库：萧规曹随 夜郎自大 投笔从戎

三国题库：三顾茅庐 乐不思蜀 望梅止渴

3. 第三关：线索破案。

规则：采用抢答形式，每道题依次给出三个线索，范围逐渐缩小，选手根据线索推理历史人物。主持人读题过程中，选手可随时抢答，答对一题得5分。

示例：

（1）线索一：他出生于春秋时期。线索二：他提出了"仁""礼"学说。线索三：他是中国历史上伟大的教育家。（孔子）

（2）线索一：他是古代的一位皇帝。线索二：他出身低微，当过亭长。线索三：他建立了汉朝，史称汉高祖。（刘邦）

【教学建议】

1. 设计工具，助力"自由行"。《上下五千年（上）》这本书篇幅长、内容多，教师要以激发学生阅读兴趣为前提，以阅读工具为支架，以"积分入场"为任务情境，让学生自由阅读。在"自由行"过程中，教师要鼓励学生随时记下自己的阅读感受，指导学生通过绘思维导图、做读书小报等方式留下"自由行"的阅读足迹。

2. 游戏闯关，积累知识。通读整本书之后，组织全班学生闯一闯"历史知识城"，设置"扭转时空""你演我猜""线索破案"三个游戏，让学生在游戏中反馈阅读情况，掌握历史知识，为接下来的主题阅读、深度阅读作好准备。

3. 评价导引，读有目标。阅读活动的开展，一定要让评价贯穿阅读任务的始终。

任务二：主题游，布置街区

阅读情境：

如果你是"春秋、战国、秦、汉、三国"这五条历史文化街的布展人，你将如何布置一场展现灿烂历史文化的展览呢？ 如果你是旅行者，你想在主题街区获得什么样的历史知识与历史体验呢?

阅读过程:

活动一:项目规划设街区

1. 组建布展项目组。

根据个人兴趣,组建"春秋历史文化街"项目组、"战国历史文化街"项目组、"秦朝历史文化街"项目组、"汉朝历史文化街"项目组、"三国历史文化街"项目组。

2. 指导撰写策划书。

示例:

3. 交流修改策划书。

各项目组交流策划书,学生互评,教师点评,重点讨论每条历史文化街布置哪些栏目,每个栏目布置哪些内容,最后修改完善策划书。

活动二:廊馆柜台建街区

学生可以自由创设街区布展的项目,也可以根据教师的建议进行布展。

1. "时间廊"——梳理"历史大事记"。

提示：请分别给春秋、战国、秦、汉、三国五个时期制作时间轴,选取并概括重大历史事件,在时间轴上标注出来。

2. "名人馆"——制作"俊杰推荐卡"。

(1) 建立"历史名人馆"。

提示：聚焦某个时期,梳理出书中该时期的历史名人。

每个历史名人都要有姓名、身份、主要事迹等信息,主要事迹尽量以成语或是小标题的形式进行概括。

(2) 制作"俊杰推荐卡"。

提示：选择心仪的历史名人,为他精心设计一份"俊杰推荐卡"。推荐卡上呈现他的头像、生平、主要事迹,并为他写一两句评语。

推荐语主要包括概述事迹和评价人物两部分内容,写的时候运用排比、比喻、对偶等修辞手法,使语言富有诗意。

示例：

俊杰推荐卡

姓名：_____

时代：_____

主要事迹：_____

评语：_____

3. "名品柜"——遴选标志性展品。

(1) 建立"历史名品柜"。

提示：聚焦某历史时期,梳理出书中提到的该历史时期的标志性物品,如兵器、交通工具等。小组合作整理,注意标注清楚物品的名称、类别、样子、用途、价值等信息,然后收录进"名品柜"。

示例：

_____"名品柜"

名称	类别	样子	用途	价值

（2）遴选标志性展品。

提示：在班内开展"镇馆之宝"的投票活动，选出这个历史时期的标志性展品，组织学生开展一场"谁是镇馆之宝"的讨论会。

4."小舞台"——"我"从书中来。

提示：选择一位历史人物，用第一人称讲述这位人物的故事。先小组比赛，然后推选优胜者参加班级"历史文化街现场表演"。

活动三：打卡评选逛街区

1. 设计"最佳街区"选票。

提示：选票上要有"打卡区""评选区""评选标准""评选要求"等信息。每个小组设计一张选票，全班通过投票最终确定选票的样式。

示例：

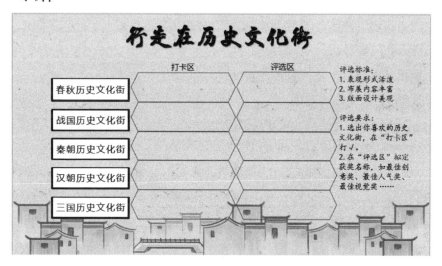

2. 打卡评选逛街区。

每位同学以"游客"的身份拿着选票逛文化街，根据评选标准选出自己喜欢的历史文化街，并拟定获奖名称，如最佳创意奖、最佳人气奖、最佳视觉奖等。教师综合每位同学的评选情况，对获奖项目组进行表彰。

【教学建议】

1. 任务驱动，阅读探究。学生在"主题游，布置历史文化街"的任务驱动下，一遍又一遍地阅读《上下五千年（上）》以及相关资料，从自由读走向探究读。

2. 思维支架，焦点阅读。在"时间廊"的活动中，教师要指导学生熟读相关历史，以关键历史时间、重大历史事件、重要历史人物为阅读焦点，用时间轴等工具梳理历史进程。在"名人馆"的活动中，要指导学生概括人物主要事迹，评价人物成就，学会制作"俊杰推荐卡"。在"名品柜"的活动中，要指导学生分类整理各历史时期的标志性物品，为每一件名品标注信息。通过遴选"镇馆之宝"的方式，引导学生钻研历史，激发学生读历史的兴趣。在"小舞台"的活动中，要指导学生搜集研读人物的资料，深入了解人物的性格特点、精神品质。通过讲故事，让历史人物真正从书中"走"出来。

任务三：深度游，对话历史名人

阅读情境：

行走在历史文化街，聆听历史的声音，触摸历史的脉搏……此时你最想与哪位历史人物隔空对话？

阅读过程：

活动：与历史名人对话

1. 话题交流：我最崇拜的历史人物。

（1）开篇简要发表自己的观点。

（2）分层次阐述崇拜的理由，用典型的事例突出中心。要有说服力，能引起共鸣。

2. 对话名人，撰写书信。

请你给崇拜的历史人物写一封穿越时空的信，写一写你对他的了解，表达崇拜之情。

习作指导：

（1）书信格式要正确。

（2）称呼要恭敬。

（3）可以围绕历史人物的主要事迹与精神品质来写。语言表达要情真意切，让读者感受到你对他的崇拜之情。

（4）结语写上美好祝愿，可以围绕历史人物的生平、成就进行个性化表达。

3. 组内交流，推荐优秀书信。

提示：师生共同商定评价标准，评选优秀书信。

评价标准	星级	自评	互评
书信格式正确	☆☆☆		
崇拜之因表达清楚	☆☆☆		
崇拜之情表达真切	☆☆☆		
语言表达富有个性	☆☆☆		

4. 开展"与历史名人对话"专题书信展。

【教学建议】

"深度游"任务的重点是汇报阅读收获，畅谈游园体验，是"整本书阅读"的总结延伸环节。教师应引导学生畅所欲言，交流自己成功的阅读经验。

这个任务设计了"与历史人物对话"的阅读活动，主要指向"写"。教师要指导学生根据写作提纲，与历史人物展开深度对话，重点是言之有物、言之有情，写完之后要组织学生交流、互评。学生可以根据名人所属的时代重组交流小组，形成"阅读共同体"，除了交流书信，也可以交流阅读心得。每个小组推荐的优秀书信，可以出一期专题的班报，互相传阅，也可以利用微信公众号宣传推广。

（编写人：江苏省江阴市徐霞客实验小学　倪文娟　冯喜伟）

第18讲　最美童年,向阳生长

——六年级下学期《童年河》"整本书阅读"学习任务群设计

一、主题与内容

(一) 文本解读

《童年河》是作家赵丽宏创作的儿童成长小说。主人公雪弟从小和亲婆生活在乡下,对亲婆和乡下的生活非常眷恋。7岁时,阿爹把他接回大都市上海。面对陌生的环境和新奇的事物,雪弟开启了一段新的生活。在城里,雪弟结交了很多新朋友,也发生了很多有意思的事情,在一次次的经历和磨炼中,雪弟逐渐融入新环境、新生活,获得了成长。小说以二十世纪五六十年代为背景,从儿童的视角观察和体悟社会的纷繁复杂、世间的喜怒哀乐,为读者呈现了主人公完整、丰盈的成长旅程。

(二) 主题确定

小说主人公雪弟,虽遭遇生活的贫困、亲人的离世、人间的冷暖,但仍勇于面对挫败,在磨砺中学会坚强与勇敢。小说虽然反映了现实的辛酸与无奈,但更体现了苦难与困境背后的真善美,给人以积极向上的力量,对阅读者的思想和心灵产生正面、深远的影响——不管在怎样的环境中,都要保持积极健康、向美向善的态度。因此,我们将《童年河》的阅读主题确定为:最美童年,向阳生长。

(三) 资源链接

有兴趣的同学可拓展阅读《城南旧事》。

阅读目标	阅读评价
走进故事：提炼雪弟成长中的关键事件，体会这些事对雪弟产生的影响。	能发现雪弟成长路上各种有意思的事件。
	能按时间节点梳理影响雪弟成长的关键事件。
	能生动讲述雪弟的成长故事。
亲近人物：梳理雪弟成长路上的重要人物，绘制人物关系图，了解周围的人物对雪弟成长的影响。	能梳理人物关系图，厘清人物线索。
	能制作人物卡片，巧玩游戏猜人物。
	能模拟采访喜欢的人物，体会成长的影响。
寻访河流：朗读描写两条河流美景的文段，体会河流对雪弟成长的影响，记录自己成长经历中的"童年河"。	能找到描写乡下和城里河流的段落，发现河流之美。
	能结合相关场景，体会河流对雪弟成长的影响。
	探究不同版本封面的意义并自主设计。
	回忆自己的成长经历，寻找成长的真谛。

➡ 三、情境与任务

（一）阅读情境

1. 情境：

深入阅读，对话成长，向阳而生。

2. 角色：

我是一名参与者：跟随小主人公雪弟一起走进他的童年生活，探寻那些人、那些事、那些景，经历雪弟的成长过程。

我是一名体验者：回忆自己成长经历中遇到的人物、事情、风景，记录影响自己成长的关键事件，获得成长的深刻感悟。

（二）任务框架

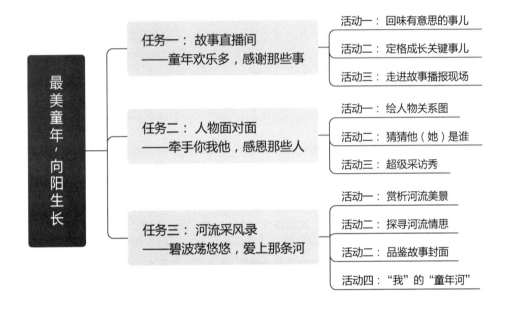

（三）任务说明

1. 主题统领："最美童年，向阳生长"是这本书的主题。学生在阅读中以"成长"为话题，探寻主人公成长的足迹，发现成长的秘密，获得向美、向真、向善、向上的力量。

2. 策略支持：第一，精读和略读相结合，引导学生结合目录读懂每一章节，把握整体内容；第二，主人公从乡下到城里，经历了各种各样的事情，遇到了形形色色的人，引导学生运用"成长轨迹图""人物关系图"等进行提炼、梳理、删选；第三，引导学生采用"阅读有一定的速度""有目的地阅读""联结"等策略，由《童年河》中主人公的童年生活联系自己的成长经历，使阅读过程更深入、有效。

3. 时间分配:

时间	形式	任务
2周(课外)	沉浸式 自主阅读	借助阅读记录表有效阅读,把握主要内容和相关人物
1课时	交流式 分享阅读	完成任务一
1课时		完成任务二
2课时		完成任务三

➡ 四、活动与建议

任务一:故事直播间——童年欢乐多,感谢那些事

阅读情境:

从乡下到大城市,雪弟经历了许多有意思的事情,有欢乐有烦恼,这些事都对他的成长产生了一定影响。以现场播报员的身份,走进雪弟的"童年故事直播间",在梳理、探究、分享中一起见证雪弟的成长。

阅读过程:

活动一:回味有意思的事儿

1. 设计《童年河》阅读记录表,自主沉浸式阅读。在阅读过程中,将相关人物、内容梗概及时记录下来。

提示:根据阅读的要求,合理安排每天阅读的时间和内容,采用摘录或批注的方法促进思考与积累。在阅读过程中,关注目录中蕴含的地名、人名或事件等,有效提炼内容梗概。

示例：

《童年河》阅读记录表

阅读日期	起止页码	相关人物	内容梗概

2. 从 7 岁离开乡下，跟随阿爹到城里去的那天起，雪弟经历了许许多多有意思的事情，请至少写出有关雪弟的 10 件事。（小标题概括）

提示：独立思考，写完后和同学分享交流，未能写出 10 件事情的同学补充完善。

3. 雪弟经历每一件事时都会有不同的心情，如尴尬、伤心、快乐、后悔、自豪、烦恼等。在不同的事件旁画上表情图。

活动二：定格成长关键事儿

1. 雪弟经历了许许多多有趣的事，其中哪些事对雪弟的成长起到关键作用？筛选雪弟成长中的关键事件，按时间顺序绘制成长轨迹图。

提示：采用"分类别"或"时间轴"的形式绘制，可用多种图示呈现。

示例：

2. 想想这些关键事件对雪弟产生了什么影响，你从中获得了什么启示或感悟呢？请简要地写一写。

提示：无论是在乡下还是在上海，童年的雪弟经历了很多关键性的事件，正是这些特殊的经历让雪弟不断磨砺成长。在这些经历中，正直善良的雪弟变得更加自信、勇敢、豁达，这就是一种"向阳"的态度。

我获得的成长感悟：_____

_____

活动三：走进故事播报现场

1. 结合"雪弟成长轨迹图"，通过"成长故事直播间"的形式，以"小小播报员"的身份，讲述雪弟的成长故事。

提示：概括影响雪弟成长的关键事件，放入提前制作的"雪弟故事播报箱"中，学生根据所抽到的事件，即兴讲述雪弟的成长故事。

2. 集体讨论确定评价标准。评选出 5 名"最佳故事播报员"、5 名"优秀故事播报员"，利用学校午间阅读时间给低年级同学讲述雪弟的故事，或是通过学校的读书广播平台分享雪弟的成长故事。

评价标准	荣获星级
仪态自然，声音响亮，表情生动	☆☆☆
内容完整，叙述连贯，表达清晰	☆☆☆
生动具体，有感染力，引起共鸣	☆☆☆

【教学建议】

1. 在阅读指导中，引导学生借助"阅读记录表"及时记录相关人物和主要事件，既能促进阅读过程的深入有效，也有利于后续学习活动的开展。按"欢乐""伤心""尴尬"等不同心情梳理雪弟成长路上经历的各种事件，让学生真实地感受到童年生活的喜怒哀乐。梳理影响雪弟成长的关键事件，促使学生对成长进行思考。

2. 要鼓励学生以"小小播报员"的身份讲述雪弟的故事，人人参与，在充分分享中走进雪弟的童年，感悟成长的酸甜苦辣。通过星级评价标准和最佳播报员、优秀播报员的评比，激励学生深入阅读，讲好故事，体会童年经历对雪弟成长的影响。

任务二：人物面对面——牵手你我他，感恩那些人

阅读情境：

在每个人身边，都会有许多呵护、陪伴我们成长的人。这些人可能是默默关爱你的家人，可能是经常帮助你的朋友或同学，也有可能是给予你鼓励的老师。正是他们的无私关怀，才让我们在成长路上获得力量、信心，找到前行的方向。让我们与雪弟面对面，去了解影响他成长的那些人。

阅读过程：

活动一：绘人物关系图

在自主阅读的基础上，以雪弟为中心，设计人物关系图，把人物关系梳理清楚。

提示：小说以雪弟的成长为线索，刻画了许多人物形象。这些人物都与主人公雪弟有着密切的关系，如家人、伙伴、老师等。可设计环形图、鱼骨图、树形图、气泡图、花瓣图等人物关系图，绘制时要体现一定的层次性。

示例：

人物关系图

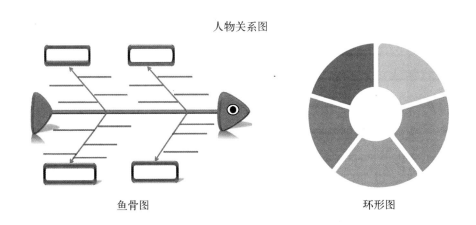

鱼骨图　　　　　　　　　　　　　　　　环形图

活动二：猜猜他(她)是谁

1.《童年河》中的每一个人物都特点鲜明，令人印象深刻。选择小说中自己最喜欢的一个人物，完成人物形象卡片。

提示：人物形象卡不用写出人物的姓名，通过描述外貌特征、性格特点、主要表现等呈现出人物的整体形象。

2. 四人小组玩"猜猜他（她）是谁"的游戏，先互相读一读人物形象卡，再互相猜一猜人物姓名，看看谁能猜对更多的人物。最后，全班评选出优秀人物形象卡。

提示：在"猜猜他（她）是谁"的活动中，全班以小组形式人人参与。评比优秀人物形象卡，关键看对人物的描述是否完整、恰当、形象。最终评选出的优秀人物形象卡可张贴在教室内进行展览。

活动三：超级采访秀

7岁的雪弟被阿爹从乡下接到了城市，来到了一个新的生活环境，从一开始的不适应到后来慢慢成长起来。在主人公雪弟心中，哪些人对他产生了影响，让他积极成长呢？让我们来对雪弟进行一次模拟采访——"人物面对面"。

提示：通过对雪弟的采访，寻找对他有影响的人物，剖析雪弟成长的历程。可请2～3位学生扮演"雪弟"的角色，上台依次接受同学的采访。

采访者：＿＿＿＿＿＿	采访对象：　主人公雪弟
采访话题：雪弟你好！请问谁对你的成长产生了重要影响，他是怎么影响你的？	

采访记录：_____

_____

_____

_____

_____

示例：

采访记录1：亲婆对雪弟的影响

亲婆的慈爱、包容、善良对我的成长影响很大。在乡下，亲婆教我识字，给我讲故事，游泳时陪伴在我身边；我偷吃了姆妈买给亲婆的苹果和饼干，是亲婆在姆妈面前为我担了责；我晚上总会尿床，是亲婆一次次起床为我把尿；我用西瓜皮砸"疯老太"，亲婆带着我向"疯老太"道歉。我真的非常想念爱我、疼我的亲婆！

采访记录2：阿爹对雪弟的影响

我觉得阿爹的温和、宽容、正直充盈了我幼小的心灵，引导我健康成长。我乱走迷路，阿爹没有训斥我，而是安慰我；我晚上尿床，阿爹没有骂我，而是教我洗床单、烘床单，给予我更多的信任和理解；我在新家墙上乱涂乱画，阿爹没有生气，鼓励我继续画画；一年级新生报名，阿爹为"牛嘎糖"代付学费；阿爹带我去"大世界"玩时带上"牛嘎糖"，并向我讲述了抗日故事；阿爹知道我想念亲婆，就将亲婆从乡下接到城里陪伴我。因此，我很感谢我的阿爹！

小结：雪弟成长路上的每一个人物都很重要，无论是家人、同学、朋友、老师，都引导他不断前行。正是在一个个人物的影响下，他才从幼稚走向成熟，由胆怯变得勇敢。他懂得了要关爱家人、帮助同学，学会了要敢于担当，成长为一个更优秀、更成熟的男孩。

【教学建议】

1. 绘制人物关系图,以雪弟为中心,厘清人物关系。设计人物形象卡重在引导学生从书中提取重要的信息,多角度地把握个性鲜明的人物形象。在猜人物的游戏中,通过充分的分享交流,感受这些人物的特点及他们与雪弟之间的内在关联。

2. 采用模拟采访的形式,引导学生倾听雪弟的心声,追溯亲人、伙伴给予雪弟的种种影响,促进学生深度阅读,感受雪弟的心路历程。

任务三:河流采风录——碧波荡悠悠,爱上那条河

阅读情境:

童年,是美丽快乐、多姿多彩的! 每个人的童年记忆里,都有陪伴自己成长的风景! 以"小小采风者"的身份,走进陪伴雪弟成长的两条河,从景色描写中去感受小主人公的美好回忆与成长体验。

阅读过程:

活动一:赏析河流美景

1. 不论是乡下的小河还是城里的苏州河,在雪弟的童年生活中,总有一条河在缓缓流淌,陪伴雪弟成长。寻找描写河流的语段,画一画,读一读。

提示:找到描写乡下小河与城里苏州河的相关语段,说说分别给你留下怎样的印象?

2. 小说的最后一章,雪弟仰望星空,看到了一条特殊的河——"银河",它是那样地晶莹璀璨、美丽动人,它让雪弟不由得思念起了疼他、爱他的亲婆……

提示:关注最后一个章节中与"河流"相关的内容,说说给你留下怎样的印象。

3. 书中既有许多直接描写河流的文字,又有大量与河流相关的语段。选择最喜欢的一段文字有感情地朗读,录制音频,参加班级的"最美朗读者"比赛。

"最美朗读者"评价标准单

选手	选段优美 富有意境 （20分）	吐字清晰 声音洪亮 （20分）	富有节奏 停顿自然 （20分）	声情并茂 有感染力 （20分）	阐述清晰 表达恰当 （20分）	总分 （100分）

提示：最美的文字、最真的情感都需要用声音传递。通过反复练习，把握朗读的节奏、声音的起伏、情感的表达，用富有感染力的声音表现文字的意境，真实地表达自己选择这段文字朗读的原因。

活动二：探寻河流情思

1. 雪弟在淙淙流淌的童年河里嬉戏、长大，在河畔经历了一个又一个难忘的故事，体验了一段又一段难忘的真情。回忆整本书，梳理一下。

提示：先简单地画一画河流，再用小水滴表达不同的情感（在小水滴上标注）。

示例：最美童年河，最真童年情

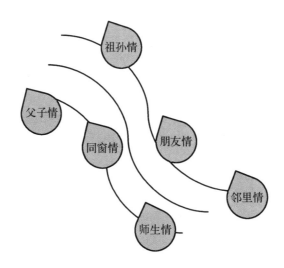

2. 河流与雪弟的成长经历紧密相连，小说中的很多章节都能让我们感受到河流对雪弟的影响。重点品读《河里的生死搏斗》一章，从细节中体会情感。

提示：先仿照小标题，概括雪弟跳河救人的完整情节；再品味文中细节，简要写写自己的阅读体会。

相约放学去河边玩 —— | ⎕ | —— | ⎕ |

| ⎕ | —— | ⎕ | —— | ⎕ |

"我"的阅读体会：_____

---

3. 继续关注《河边的小学》《从桥上跳下去》《谁是救命恩人》《星星的目光》等章节,你发现在童年的这条"生命河"里,雪弟前后有什么样的变化?

提示:联系有关河流的内容,说一说雪弟的成长和情感变化。

活动三:品鉴故事封面

1. 静谧的河流缓缓流淌,美好的童年令人难忘。小说《童年河》有多种版本,但有意思的是很多版本的封面都与"河流"有关。搜集不同的封面,与同学交流最喜欢哪一个,说说原因。

2. 假如请你给《童年河》这本书设计封面,你会如何设计呢?可以说说自己的构思,还可以尝试画一画。

提示:封面设计要体现河流的要素,选择的场景要有一定的意义。

活动四:"我"的"童年河"

1. 成长是一个永恒的话题,雪弟的经历一定让你想起了自己的成长过程。在你的童年生活中,是否也有一条河陪伴你成长?有哪些人、哪些事影响了你,让你能始终积极面对生活,保持一颗"向阳"的心?请先和同桌聊一聊童年生活,再选择最难忘的一次成长经历写下来。

2. 推荐阅读描写童年生活的作品,如《城南旧事》。有兴趣的同学可小组合作,多角度比较两本书的不同。

	《童年河》	《城南旧事》
主题思想		
生活环境		

	《童年河》	《城南旧事》
成长经历		
人物形象		

提示：《童年河》虽然是赵丽宏虚构的一部作品，但却是以自己的童年经历为蓝本创作的小说。其实有许多作家都写过带有自己童年生活缩影的优秀作品。从他们的作品中，我们能读到不一样的童年生活。

【教学建议】

1. 河流是贯穿整部小说的一条线索，雪弟在河边的所见所闻、在河里的英勇事迹，以及河流带给他的种种体验，构成一幅美好、难忘的童年画卷。通过"赏河流美景""探河流情思""鉴故事封面"等学习活动，学生能走进滋养雪弟生命成长的精神之河。

2. 围绕"成长"这个主题，学生以雪弟的成长经历来对照自己的成长过程，发现影响自身成长的关键事件。通过选择自己最难忘的一次成长经历，抒发对成长的感悟和理解，促进自我的反省与成长。

（编写人：江苏省江阴市中山小学　吴雪霞）

第19讲　用智慧创造希望

——六年级下学期《鲁滨逊漂流记》"整本书阅读"
学习任务群设计

➡ 一、主题与内容

（一）文本解读

《鲁滨逊漂流记》是英国作家丹尼尔·笛福的小说，主要讲述了主人公鲁滨逊在航海途中遭遇风暴，孤身漂流到荒岛上的故事。鲁滨逊虽身处绝境，但他凭着勇敢顽强的信念、敢于探索的精神、积极乐观的心态、实践创新的能力，在险恶的自然环境和贫乏的生活条件中生存了下来。他还从野人手中解救了"星期五"，并帮助船长制服叛乱的水手，夺回船只。在岛上生活 28 年后，他终于离开荒岛回到英国。鲁滨逊用生存智慧创造了生命的奇迹。小说以鲁滨逊冒险经历为线索，以平实通俗的语言来叙述。具体生动的情节，自述的方式和大量的心理描写，使故事真实可感，让读者身临其境。

（二）主题确定

《鲁滨逊漂流记》不仅是一部历险记，更是鲁滨逊的英雄成长史。我们从作品中可以看到他敢于冒险、敢于探索、意志顽强等英雄特质，这也正是他的生存智慧。阅读这本书，学生能从书中汲取智慧，积蓄力量，获得成长。因此，《鲁滨逊漂流记》的阅读主题确定为：用智慧创造希望。

（三）资源链接

课文资源：统编教材六年级下册第二单元《鲁滨逊漂流记》梗概。

小说资源：《汤姆·索亚历险记》《海底两万里》等。

电影资源：《鲁滨逊漂流记》《少年派的奇幻漂流》等。

阅读目标	阅读评价
厘清求生经历：梳理关键事件，了解鲁滨逊的冒险故事。	能制订阅读计划，做好阅读记录。
	能借助图表梳理鲁滨逊航海及荒岛求生的经历。
	能讲好精彩的历险故事。
体悟生存智慧：发现鲁滨逊解决生存困难的办法，感悟他在绝境中求生的智慧。	能了解鲁滨逊面临的种种困境，绘制"生存需求金字塔"。
	能针对生存困境，梳理鲁滨逊解决问题的办法，完成研究报告，提炼他的生存智慧。
	能辩证思考，感悟生存信念和创造能力的重要性。
	能制定个性化的《鲁滨逊荒岛生存指南》。
体验生存挑战：在体验活动中，锤炼野外生存的意志，增长生存的智慧。	能创想冒险经历，设计生存指南，创作历险故事。
	能经历生存挑战，交流分享体验，完成生存日志。

➡ 三、情境与任务

（一）阅读情境

1. 情境：

鲁滨逊28年荒岛求生，创造了生命的奇迹。让我们跟随他的脚步，一起经历"生存大挑战"，一起开启智慧，一起劳动实践，一起解决问题，创造生的希望。

2. 角色：

以研究者的身份，梳理鲁滨逊荒岛求生的经历，在探究中发现鲁滨逊的生存智慧。

以体验者的身份,进行求生大挑战,制作生存指南,强化生存技能,提升生存能力。

(二) 任务框架

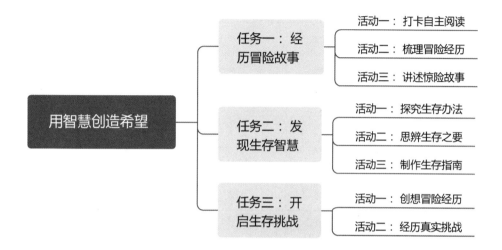

(三) 任务说明

1. 主题统领:围绕"生存智慧"这一大主题,我们设计了三个层级的挑战任务,让学生经历自主阅读、探究发现、创想体验的过程,感悟生存的智慧,激活创造的思维,提升解决问题的能力。第一层级活动——在学生自主阅读的基础上,借助图表支架帮助学生梳理鲁滨逊的主要经历,达成对整本书内容及人物形象的整体感知;第二层级活动——引导学生深度研读,由表及里,走入鲁滨逊的世界,直面"故事内核",探究解决问题的办法,获得智慧;第三层级活动——引导学生关联生活的情境,让学生在体验中实践,在实践中迁移运用生存智慧。

2. 策略支持:一是采用图表工具作为阅读支架,把整本书的知识内容结构化,帮助学生梳理和概括故事情节。二是利用图像化策略,通过想象、联想等方法将语言文字转化为生动的画面,激发学生阅读的兴趣。三是根据"生存智慧"这一主题,通过提问策略,组织学生进行目的性阅读,让学生在交流分享、思辨讨论中形成推论,悟得生存智慧。四是运用联结策略,将小说与教材、影视节目等资源相关联,并将感悟的生存智慧在实践活动中迁移运用,在"获取——建构——实践——内化"的过程中生长智慧。

3. 时间分配:

时间	形式	任务
3周(课外)	自主阅读	完成任务一中的"活动一"
1课时	阅读交流	完成任务一中的"活动二、活动三"
1周(课外)	自主阅读	完成任务二中的"活动一"
2课时	探究阅读	完成任务二中的"活动二、活动三"
2天(课外)	拓展阅读	阅读历险故事和观看影片
2课时	体验拓展	完成任务三

➡ 四、活动与建议

任务一：经历冒险故事

阅读情境：

鲁滨逊·克鲁索出生于一个中产阶级家庭,但他不甘于平淡生活,开始了他的冒险之旅。让我们跟随他一起去海上探险吧!

阅读过程：

活动一：打卡自主阅读

1. 制订阅读计划,打卡阅读记录。

提示：根据阅读时间和要求,合理安排每日阅读内容,养成阅读习惯。"阅读进程记录图"可以用简单的文字记录,如填写"章节进程""内容信息"等,也可标注当天阅读的页码。

示例：

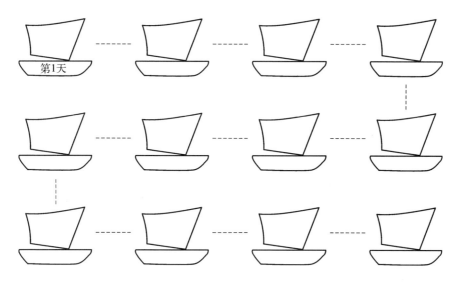

第1天

2. 理一理鲁滨逊五次航海经历，可以用自己喜欢的方式加以呈现。

航海次数	航海时间	航海路线	海航目的	航海遭遇	航海结果
第一次					
第二次					
第三次					
第四次					
第五次					

3. 梳理鲁滨逊在荒岛求生的主要事件，可以用思维导图或表格呈现。

示例：

鲁滨逊荒岛求生主要事件

建房定居 ▶ 畜牧养殖 ▶ 救野人为伴 ▶ 回到英国

上船拿回物资			

活动二：梳理冒险经历

1. 介绍创作背景。

这篇小说于1719年出版，作者丹尼尔·笛福以当时苏格兰水手亚历山大·塞尔柯克在荒岛生活的故事为蓝本，把自己多年来的海上经历和体验倾注在鲁滨逊身上，并充分运用自己丰富的想象力进行文学加工，使鲁滨逊成为当时人们心中的英雄人物。

2. 交流鲁滨逊的航海经历。

3. 辩一辩：鲁滨逊放弃了稳定安逸的生活，一次又一次投入危机重重的航海探险中。如果是你，你会作出相同的选择吗？

提示：可以组织学生开展班级辩论会，围绕观点，讲清理由，做到有理有据、条理清晰。

示例：

正方观点：会。

理由一：追求自由。

理由二：危险与机遇并存。

理由三：安逸常会消磨人的意志。

反方观点：不会。

理由一：冒险具有一定的危险性。

理由二：冒险让鲁滨逊虚度了大半辈子。

理由三：冒险是对亲人的不负责任。

4. 绘制荒岛生存图。

第一步：根据书中的描写绘制荒岛地形图，增加地理要素，如海岸线、山脉、河流等。

第二步：完成"鲁滨逊荒岛生存图"。

(1) 可以用"🚩"标注地点，如鲁滨逊在荒岛上的三处住宅——"城堡""乡间别墅""洞穴"。

(2) 可以用"⭐"标注主要事件，如"蓄养山羊""解救'星期五'"等。

活动三：讲述惊险故事

1. 发布任务：给学弟学妹讲讲鲁滨逊的故事。

2. 指导方法：怎样讲述才能吸引学弟学妹，使他们也感受到《鲁滨逊漂流记》的精彩。

提示：可以从故事内容的选择、故事讲述的要点等进行思考，在全班交流的基础上形成"故事讲演评价表"。

评价内容	评价要点	评价得分
内容选择	情节曲折生动，惊险刺激，引人入胜。	☆☆☆☆☆
故事讲述	条理清晰：能按照"遇险（困难）——办法——脱险（结果）"的顺序来讲，也可作个性化调整。	☆☆☆☆☆
	语言生动：能加入想象和联想，还原故事画面和情境。	☆☆☆☆☆
	感染力强：语调语速随情节变化，声情并茂，肢体动作自然协调。	☆☆☆☆☆

3. 个人准备：寻找印象最深的情节，根据评价要点练习讲述。

4. 班级展示：评选"十佳故事大王"，录制有声书。有条件可排练成情景剧，如《解救"星期五"》等剧目。

【教学建议】

1. 激发阅读兴趣。因国家、时代等诸多原因，故事离学生生活较远。为此，我们要开展多种形式的活动以激发学生持久的阅读动力。学生自主阅读时，教师要提供相关的图表作为阅读支架，引导学生在作品中找一找，在表格中填一填，在地图上标一标，让学生跟着鲁滨逊一起去历险。

2. 指向语言品质提升。立足小说文体特征，通过创设讲演情境，搭建故事结构支架，让学生依据评价量表练习讲述。在创造性复述故事的语文实践活动中，引导学生感悟积累，不断提升语言表达和想象创造的能力。

任务二：发现生存智慧

阅读情境：

鲁滨逊生存的智慧到底是什么？根据个人兴趣选择你认为最重要的一项进

行专题研究,并交流汇报。

阅读过程:

活动一: 探究生存办法

1. 梳理鲁滨逊的生存困境。

鲁滨逊在荒岛求生,面临哪些生存困境,他最迫切需要解决的是什么问题? 将它们填写在"鲁滨逊生存需求金字塔"中(位置越低,需求越迫切),并说明理由。可借鉴"马斯洛需求层次理论"。

鲁滨逊生存需求金字塔

2. 参照"鲁滨逊生存需求金字塔",以小组为单位抽取主题任务进行小组合作研讨,寻找鲁滨逊解决问题的办法以及其背后蕴含的智慧。

提示:小组研讨时,要进行任务分配,协同探讨。研究成果可以多样化呈现,如表格、思维导图、分析报告等。

示例:

_____需求分析报告

问题	
对策	
结果	
生存智慧	

3. 全班交流组内研究成果,感悟鲁滨逊的生存智慧。

提示:交流鲁滨逊解决困境的办法,总结鲁滨逊的生存智慧——能充分利用现有资源创造新的生存条件,从中感受到鲁滨逊机智勇敢、积极乐观、信念坚定、善于创造的品质。

示例1:

食物需求分析报告

问题	食物来源	
对策	船上资源	饼干、面包、大米、干奶酪、五块腌制的羊肉、一些麦子、几箱亚力酒、三大桶朗姆酒、一箱食糖、一桶精面粉
	岛上资源	山羊、海鸟、野鸽、海龟、葡萄等
	再造资源	制作葡萄酒、黄油、奶酪、油等,驯养山羊,种植大麦和稻子,加工面粉制作面包
结果	满足食物需求,从"吃饱"走向"吃好"	
生存智慧	寻找身边可以利用的资源,创造性地使用资源	

示例2:

心理需求分析报告

问题	孤独
对策	1. 好坏清单 　　不幸　　幸运 2. 他人陪伴 　　猫、狗、鹦鹉、"星期五" 3. 内心信仰 　　读《圣经》,与上帝对话

问题	孤独
结果	
生存智慧	祸福相依，事物都有两面性。面对不幸，我们需要像鲁滨逊一样理智、客观、辩证地看待问题，拥有积极乐观的心态，这是正确的生存态度与选择。

4. 在交流鲁滨逊心理需求分析报告的基础上，可适当进行问题延展。

（1）在荒岛求生的过程中，鲁滨逊还遇到了哪些困难，他又会怎样利用"好坏清单"来安慰、鼓励自己？现实生活中，你会使用"好坏清单"吗？尝试自己列一份"好坏清单"，然后与同学交流。

（2）如果小说中缺少"星期五"这个角色，你觉得是否可以？

活动二：思辨生存之要

1. 盘点发明创造：为了满足改善伙食、建造住所、治疗疾病等需求，鲁滨逊进行了许多新创造。请你在书中找一找，画一画思维导图。

2. 请选择你印象最深或最感兴趣的一项新创造，和同学讲一讲。

3. 思辨：鲁滨逊能够在荒岛上生存下来，主要依靠"经验技能"还是"坚定信念"？

提示：（1）无论是"经验技能"还是"坚定信念"，对于鲁滨逊的荒岛求生都是非常重要的，二者缺一不可。

（2）在讨论的过程中，教师要从语言表达、内容关联、逻辑严谨等维度对学生进行评价。

活动三：制作生存指南

1. 了解生存指南的制作要求和样式。

提示：生存指南可以从多方面、分类别进行制作，重在讲清鲁滨逊的生存智慧，给他人以启迪。语言表述要简洁清晰，图文并茂会更具有吸引力。

示例1：《鲁滨逊荒岛生存指南》折页版

生存指南封面	衣	食	住	行	安全	心理

示例2：《鲁滨逊荒岛生存指南》卡片版

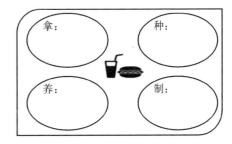

2. 学生制作《鲁滨逊荒岛生存指南》，并进行评比。

提示：结合评价表，开展自评和互评活动。

《鲁滨逊荒岛生存指南》制作评价表

评价内容	评价要点	自评	互评
主题性	能紧扣"生存"这一主题，聚焦生存困境，提出操作性强的解决办法，给他人以启迪。		
实用性	知识准确，结构清晰，表达简明，便于知识查找及随身携带。		
趣味性	图文并茂，形式多样，富有创意。		

【教学建议】

1. 建立伙伴阅读机制，激发学生的阅读能动性，引导学生开展好主题式研读。紧紧围绕"鲁滨逊是如何解决困难"这一问题,引导学生借助图表进行信息的提取与整理、分析与研究,深入解读和提炼鲁滨逊的生存智慧。生存智慧的提炼即是从"事实"走向"经验",从"特例"走向"通识"。

2. 组织学生开展思辨性阅读,让学生进一步明确在困境面前,不仅需要生存技能,还需要坚定的信念。

3. 鼓励学生以鲁滨逊的视角尝试制作生存指南。制作前,教师可以提供一些生存指南的范例供学生参照学习。

任务三:开启生存挑战

阅读情境:

鲁滨逊荒岛求生的故事深受读者的喜爱,给人以启迪。或许,我们不可能像鲁滨逊那样有传奇的冒险经历,但生存智慧却是每个人所必需的。所以,让我们开启"生存大挑战",进入"实战式体验"吧!

阅读过程:

活动一:创想冒险经历

1. 拓展阅读,激发兴趣。

推荐学生利用课余时间阅读、观看历险求生类书籍或电影节目,比如《海底两万里》《跟着贝尔去冒险》等。

2. 组建冒险小队,在地图上选择想要冒险的地点。

3. 冒险小队通过查找资料、观看电视纪录片等方式,对冒险地进行环境评估,学习相关生存知识技能,小组合作制作个性化生存指南。

提示:生存指南的内容应包括冒险地环境介绍、困境预判、物资准备、技能准备这几块内容。指南尽量做到讲解清楚,图文并茂,便于携带,制作成小视频或小手册会更有趣。

4. 创设遇险情境,创想求生经历。

示例:

情境:你在塔克拉玛干沙漠探险,身边只有一壶水、一袋饼干。

困难一:沙漠一望无边,你很快迷失了方向,该怎么办?

困难二：走了一天一夜,快没有水了,茫茫沙漠中哪里才能找到水源?

困难三：你遇到了流沙坑,如何才能逃出生天?

5. 引导学生在创想求生过程的基础上,创编故事。可以给故事配上图或音频加以展示。班级也可以召开"极限挑战故事会",同学间进行故事分享,比比谁的故事更精彩,谁的故事更体现生存智慧。

提示:(1) 故事要围绕"遭遇的危险"和"如何解决"这两个点进行构思,展现出一定的生存智慧与能力。

(2) 创编故事可以学习《鲁滨逊漂流记》,围绕生存主线,做到结构清晰、情节动人。学着采用第一人称手法,加上适当的心理活动描写,在自然的叙事中,让故事真实可感,吸引读者的阅读兴趣。

活动二：经历真实挑战

1. 师生共同讨论并策划一次真实的生存挑战体验活动。

提示:如搭一次帐篷,找一种植物,完成一次田间劳动等。

2. 开展真实的生存挑战活动,学生及时记录活动体验过程。

示例:

生存挑战——搭帐篷

遇到的困难	从来没有搭过帐篷; 帐篷太大,无法独自撑开或收拢; 帐篷组件零散杂乱; 没有钉桩用的锤子; ……
解决的办法	查看说明书; 小组合作,共同搭建; 捡来砖石等硬物作为敲击工具定桩; ……
活动的感悟	平时,我们太依赖父母了,以至于一遇到问题就束手无策; 一个人办不到的事,可以向同伴求助,可以多尝试几次; 可以就地取材,创造性使用资源; 只有平时多学习积累知识与经验,遇到事情才能不慌; ……

3. 撰写体验日志,用图文结合的方式进行分享。

【教学建议】

1. 发挥学生主观能动性,借助真人秀、电影等资源,做好求生体验活动的前期准备工作,如知识储备与技能学习等。制作好"专属版"生存指南,为求生体验活动提供科学依据。

2. 创编探险故事,先设想困难,再详细叙述解决困难的办法,使故事情节具体生动,突显"生存智慧"。

3. 真实生存挑战活动,其目的是充分激发学生利用所学知识、经验、技能,借助现有资源创造性地去解决问题。因此,活动要尽可能设计一些困难与障碍,使学生的创造性能够在活动中得以发挥。"生存挑战日志"成果呈现形式可以多样化,如召开"记者会"、拍摄视频等,让学生在一系列的活动中感受快乐,收获智慧,培养实践能力,提升语文素养。

(编写人:江苏省江阴市高新区山观实验小学　方惠燕　陈洁锦)

图书在版编目（CIP）数据

整本书阅读 / 吴忠豪，薛法根主编. — 上海：上海
教育出版社，2023.11
（小学语文学习任务群课例设计丛书）
ISBN 978-7-5720-2391-0

Ⅰ.①整… Ⅱ.①吴…②薛… Ⅲ.①阅读课–教案
(教育)–小学 Ⅳ.①G623.232

中国国家版本馆CIP数据核字(2023)第223782号

责任编辑　王凯莉
封面设计　陆　弦

小学语文学习任务群课例设计丛书
整本书阅读
吴忠豪　薛法根　主编

出版发行　上海教育出版社有限公司
官　　网　www.seph.com.cn
地　　址　上海市闵行区号景路159弄C座
邮　　编　201101
印　　刷　启东市人民印刷有限公司
开　　本　700×1000　1/16　印张 15
字　　数　237 千字
版　　次　2024年2月第1版
印　　次　2025年3月第4次印刷
书　　号　ISBN 978-7-5720-2391-0/G·2119
定　　价　68.00 元

扫码阅览学生成果

如发现质量问题，读者可向本社调换　电话：021-64373213